Christa Kössner

Schlüssel zum Glücklich-Sein

Das Spiegelgesetz

ENNSTHALER VERLAG, A-4400 STEYR

www.ennsthaler.at

ISBN 3-85068-524-1

6. überarbeitete Auflage 2004
Christa Kössner · Schlüssel zum Glücklich-Sein

Ennsthaler Gesellschaft m.b.H. & Ko KG, 4400 Steyr, Österreich
Umschlagbild: Christa Kössner, Wien
Umschlaggestaltung: Gertrud Kirschenhofer, Wien

Inhalt

Vorwort

Ich habe mir mit der Entstehung dieses Buches lange Zeit gelassen. Warum, kann ich nicht genau sagen - obwohl ich oft darüber nachgedacht habe. Da war vielleicht noch der Hauch eines Zweifels in mir, ob man mir glauben würde ... da war noch eine Spur der Unsicherheit, wie ich mit einer Erfahrung umgehen soll, die ich als göttliche Offenbarung empfinde ... da war bis jetzt ein gewisses Zögern in mir, eine erlebte Gnade an die Öffentlichkeit zu bringen ... All die vergangenen Jahre war mir jedoch bewußt, daß Gott mir im Sommer 1991 ein unglaubliches Geschenk zuteil werden ließ, damit ich es weitergebe: Das Bewußtsein, daß es MICH eigentlich garnicht gibt und ich mich nur dann als existent empfinden kann, wenn ich mich in jedem Grashalm, jedem Baum, jeder Fliege, jeder Wolke ... und jedem Menschen, der mein Gegenüber ist, erkenne.

Ich habe in den letzten Jahren viele Menschen kennengelernt, die zu unseren Gruppenabenden gekommen sind. Ganz gleich, welches Thema wir uns vorgenommen hatten, kamen wir letztendlich immer zum Spiegelgesetz, anhand dessen wir viele blinde Flecken aus der Welt schaffen konnten.

Wenn wir akzeptieren, daß unsere Lebensumstände und die Personen, die darin vorkommen, immer nur ein Spiegel UNSERES Bewußtseins sind, haben wir den Schlüssel zum Glücklich-Sein schon in der Hand und brauchen ihn nur noch richtig zu verwenden - so wie liebevolle Wesen das tun.

Irgendwo habe ich einmal den folgenden Satz gelesen: Gott erschuf nicht die Welt, sondern er wurde zur Welt. In einem Augenblick der Erleuchtung begriff ich plötzlich, was damit gemeint ist. Gott wurde zur Welt, damit er sich selbst sehen und als existent begreifen kann. Deshalb sehe ich die Welt mit all ihren Manifestationen als sichtbar gewordenen Geist Gottes, weil ich erkannte, daß alles Konkrete aus ein und derselben Geisteskraft heraus entstanden ist. Es gibt nur diese eine Quelle. Nicht viele verschiedene, deren wir uns mal hier und mal dort bedienen. Und deshalb ist es so wichtig, daß wir uns über unsere Funktion als Erschaffer *unserer* Welt klar sind. Wir denken IMMER mit dem Geist Gottes, weil es nur diese eine Schöpferkraft gibt. Das bedeutet, daß wir kraft unseres Denkens dieselben Fähigkeiten wie Gott haben. Wir sind imstande, Tatsachen in unserem Leben zu erschaffen.

Ich stelle mir Gott als unendlich großes Reservoir von ruhender Energie vor, bevor er irgendwann seinen ersten geistigen Schöpfungsakt vollbrachte, indem er dachte: „Jetzt will ich mich sehen“ ... Als Folge dieses Gottgedankens entstand das Universum. Unendlich großer, schöpferischer Geist wurde zur unendlichen großen, konkreten Form.

Ich bin mir darüber bewußt, daß ich im Gottgedanken enthalten bin. Auch ich bin daraus entstanden. Ich bin eine von Abermillionen Ideen im unendlichen Geist, die sich als Person Christa Kössner manifestiert hat. Und deshalb habe ich anerkannt, daß Gott mir seine Fähigkeit gegeben hat. Meine Geisteskraft ist imstande, sich in einer konkreten Form zu verwirklichen. Ich sehe daher mein Denken an meinen Lebensumständen gespiegelt und als Menschen, die um mich sind. Meine Gedanken, meine Überzeugungen und Glaubensgrundsätze haben die Gabe, sich in eine Form zu verwandeln, weil mein Geist und Gottes Geist ein und dasselbe sind. Und deshalb ist es wahr, daß alles, was um mich ist, immer nur mich selbst spiegelt.

Wir brauchen uns also nur umzusehen, um uns selbst zu erkennen. Es gibt keine „anderen“ ... Der andere bin ich immer selbst, weil es mich als ICH in Wahrheit garnicht gibt. Mein ICH wurde erst in dem Moment geboren, als ich dachte: „Ich will jetzt sehen und erleben, wer ich bin.“ Und siehe da, verwandelte sich dieser Gedanke in einen wundersamen Spiegel, der mich überall hin begleitet. Dieser Spiegel ist ein Geschenk meiner göttlichen Herkunft ... an mich als Person und Mensch. Ihn zu akzeptieren und umzusetzen, ist die erste große Herausforderung für mein ICH. Denn in der Regel will mein ICH mit seinen eigenen Schöpfungen nichts zu tun haben - besonders dann nicht, wenn sie unangenehm oder schmerzvoll sind. Die zweite Herausforderung besteht darin, meine Spiegelbilder zu lieben. Das ist einfach, wenn ich mir darüber bewußt bleibe, daß ich immer nur mir selbst begegnen kann. Es ist wahr, daß ich mich selbst umso inniger liebe, je mehr Menschen ich liebe und in mein Herz aufnehme.

Herauszufinden, was ein „anderer“ als Liebesgabe wirklich von mir braucht, ist die dritte Herausforderung. Sie zu lösen, erscheint mir nur dann schwierig, wenn sich meine persönlichen Bedüfnisse einmischen, die ja zweifelsohne auch da sind. In dem Moment ich damit aufhöre, deren Befriedigung von einer bestimmten Person zu erwarten oder zu verlangen - und nicht von Gott selbst - bin ich frei zu erkennen, was diese „andere“ Person wirklich von mir braucht: Meine Liebe, mein Verständnis und mein Mitgefühl.

Der Schlüssel zum Glücklich-Sein liegt tatsächlich in unserer Hand, weil wir den Spiegel unserer Geisteshaltung tagtäglich vor Augen haben. Wir sehen und erleben immer nur UNSER verwirklichtes Bewußtsein. Wenn es also in unserem Leben Umstände oder Personen gibt, mit denen wir nicht glücklich sind, ist es unsere Aufgabe, eine Geisteshaltung zu schaffen, die erfreulichere Spiegelbilder hervorbringt. Das ist leicht, wenn wir stets MIT Liebe denken und die Menschen in unserem Leben MIT Liebe betrachten - so wie Gott das in seiner unendlich großen Liebe, Weisheit und Güte tut.

Dieses Büchlein beschäftigt sich hauptsächlich mit den unangenehmen Spiegelbildern, weil wir mit den erfreulichen in der Regel keine Probleme haben. Und deshalb gehört mein Dank für alles Schöne und Gute in meinem Leben zu meinem Guten-Morgen-Gruß genauso, wie zu meinem Abend-Gespräch mit Gott.

Zusammenfassung:

1. Alles Geistige, das ich bejahe und somit in meinem Bewußtsein festhalte, verwirklicht sich zum idealen Zeitpunkt in meinem Leben als dementsprechendes Ereignis.
2. Mein Geist ist gefüllt mit Gedanken, Überzeugungen, Urteilen, Verboten, Meinungen und Glaubenssätzen. Viele davon sind mir bewußt, viele davon beachte ich nicht.
3. Dennoch ist es wahr, daß auch meine unbewußten Geistesinhalte konkrete Tatsachen in meinem Leben hervorrufen.
4. Daher sehe ich immer nur MICH (meine Geisteshaltung!) an den Menschen in meiner Umgebung, an meinen Lebensumständen und am Zustand meines Körpers gespiegelt.
5. Ich habe die freie Wahl, meine lieblosen Überzeugungen weiterhin zu bejahen, oder sie in eine Liebesbotschaft zu verwandeln. Das bedeutet, meinem (ekeligen, auf-

sässigen, lieblosen usw.) Gegenüber ein stilles Danke auszusprechen, weil ich im Spiegel sämtlicher Widrigkeiten in meinem Leben immer nur MEINE Lieblosigkeit zu mir selbst erkennen darf.

6. Ich bin auf der Welt, um glücklich zu sein – nicht, um zu leiden. Deshalb ist es mein Seinsauftrag, mit Beschuldigungen aufzuhören und in den eigenen Spiegel zu schauen. ICH rufe die Realität in meinem Leben hervor, niemand anderer sonst.
7. Friedlichkeit, Würdigung, Dankbarkeit und Aufrichtigkeit mir selbst gegenüber spiegelt sich in einem friedvollen, aufrichtigen, dankbaren Umfeld, das mir mit einer würdevollen Selbstverständlichkeit jene Achtung entgegenbringt, die ich mir selbst zolle. Werde ich mißachtet, erlebe ich Undankbarkeit oder Angriff ..., habe ich die Chance, MEINE (!) auf Mißachtung und Kampf ausgerichtete Geisteshaltung gespiegelt zu sehen.

1. Erkenntnis

Im Sommer 1991 wurde ich von einer Minute zur anderen völlig unerwartet in eine neue Bewußtseinsdimension emporgehoben. Es stimmt, daß ich die Woche zuvor an einem Seminar für mentales Training teilgenommen hatte und sowohl mein Kopf wie auch mein Herz mit neuen Eindrücken vollgefüllt war. Aber das allein war es nicht. Ich erinnere mich noch ganz genau, wie ich mit nassen Händen vom Geschirrspülen in meiner Küche stand und plötzlich alles, was ich da sah, in weißgoldenem Licht erstrahlte ... Ein paar Minuten später kam mein Sohn zur Tür herein und ich erlebte den faszinierendsten, glücklichsten Augenblick meines bisherigen Lebens: Ich sah die Gestalt meines Kindes weißglänzend, fast durchsichtig, von einem goldenen Strahlenkranz umgeben. Zugleich durchströmte mich eine so unglaublich starke Liebe, daß ich sie mit Worten kaum beschreiben kann. Ich würde sagen, daß sie mein menschliches Fassungsvermögen zigtausendfach übersteigt. Der Anblick meines Sohnes war so gefühlsüberwältigend, daß mir Tränen in die Augen schossen und ich kein einziges Wort herausbrachte. Auf einmal hatte ich die absolute Gewißheit in mir, daß es unmöglich ist, je irgendetwas falsch zu machen und daß keinem Menschen je etwas Böses geschehen kann.

Mein erhellter Geisteszustand hielt ungefähr drei Wochen lang an. Er war zeitweise so intensiv, daß ich den Eindruck hatte, mein Körper würde sich gleich auflösen. Dann hielt ich mich irgendwo fest, oder blickte in Schaufensterscheiben und Autospiegel, um sicher zu sein, daß ich noch da bin. Bei einem Spaziergang sagte ich zu meinem ahnungslosen

Begleiter: „Bitte drücke meine Hand, damit ich weiß, daß ich noch hier bin.“ Während dieser drei Wochen sah ich fast alle Menschen, mit denen ich zusammentraf, genauso wie meinen Sohn: Als transparente, weiß-glänzende Gestalten, die mir eine unvorstellbar große Liebe entgegenbrachten, von der ich mir niemals zuvor hatte ein Bild machen können.

Es gab noch ein paar andere Begleiterscheinungen meines erhellten Geisteszustandes, zwei möchte ich kurz erwähnen. Ich war plötzlich fähig, das Wesen von Zahlen zu begreifen. Mit einer unfassbaren Selbstverständlichkeit gelang es mir, mathematische Formeln zu entschlüsseln. Ich wußte einfach, welcher Gottgedanke dahinter stand. So unterhielt ich mich zum Beispiel mit einem Kollegen über Einstein's Relativitätstheorie, die Heisenberg'sche Unschärferelation oder über Peitgen's Chaostheorie ... obwohl ich ansonsten größte Schwierigkeiten habe, einfache Schlußrechnungen zu lösen. Ein zweites Phänomen war, daß ich plötzlich stundenlang joggen konnte, ohne geringste Anstrengung. Es war deshalb so einfach, weil mir bewußt war, daß ich mich stets auf ein und demselben Punkt befinde. Es war, als würde die Landschaft an mir vorbeiziehen, obwohl sich meine Füße im Laufschritt bewegten. Das ist ganz etwas anderes, als durch eine Landschaft zu laufen.

Ich gebe zu, daß ich meinen ersten Schock erst überwinden mußte, um begreifen zu können, was mit mir geschehen war. Auch kannte ich keinen Menschen, der Ähnliches erlebt hatte. Meine einzige Vertrauensperson während dieser Zeit war meine Cousine Margit. Allmählich wuchs in mir die Gewißheit, im Gotteszustand zu sein. Zum besseren Verständnis, was das ist, stell Dir bitte eine große Kugel vor, in der sich viele kleine Kugeln befinden. Eine davon bist Du, sowie jede weitere einen anderen Menschen symbolisiert.

Wenn Du nun von Deinem Standort aus Linien zu allen anderen Kugeln ziehst, wirst Du bemerken, daß Du zwar mit ihnen verbunden bist, aber nur jene Kugeln sehen kannst, die sich innerhalb Deines Blickwinkels befinden. Jede kleine Kugel hat demnach auch Dir gegenüber einen völlig unterschiedlichen Blickwinkel.

Im Gotteszustand IST man die große Kugel,
die alle anderen enthält.

Man hat keinen eigenen Standort und deshalb kann man ALLES sehen. Ja mehr noch, man ist fähig, jene Liebe zu empfinden, die als absolute Gewißheit hinter allem Geschehen wirkt. Sie ist mir als Gnade zuteil geworden, denn ich durfte sehen, wer mein Gegenüber in Wahrheit ist - ein strahlend reines Wesen, ganz und gar aus Liebe gemacht. Und deshalb weiß ich jetzt, daß ich immer nur Gott selbst begegnen kann, welche menschliche Gestalt er auch immer annehmen mag. Ich habe drei Wochen lang alles aufgeschrieben, was da so hell und klar in meinem Geist war. Die folgenden Worte wurden mir als erstes bewußt:

Alles, was um mich ist - jeder Mensch, dem ich begegne ... jede Situation, in die ich gerate ... meine räumliche Umgebung ... sowie der Zustand meines Körpers ist ein Spiegel meines Bewußtseins. Es sind MEINE Gedanken, die eine konkrete Form annehmen, damit ich sie sehen kann. So erkenne ich in allem, was ich sehe, mich selbst. Durch mein Denken erschaffe ich die Situationen selbst, in denen ich mich befinde. Ich nehme daher auch alle unangenehmen Situationen an. Ich selbst habe sie geschaffen, um daraus zu lernen. Ich habe alle Ereignisse in meinem Leben irgendwann zuvor gedacht, um sie mit Liebe zu erlösen. Persönlichkeitsanteile, die alle zusammen MEINE Individualität ausmachen, kommen in Form von ganz bestimmten, mir entsprechenden Menschen, auf mich zu. Die für mich bedeutendste Aussage ist jene Verhaltensweise, die mir am stärksten (positiv oder negativ) auffällt. Ich habe die freie Entscheidung, die negativen Wesenszüge meines Gegenübers zurückzuweisen, zu tolerieren oder sie als MEINE Schattenseiten zu erkennen und zu lieben. Je mehr ich zu lieben imstande bin, desto mehr liebe ich mich selbst - weil nur das in meinem Leben sichtbar werden kann, das ich selbst irgendwann zuvor (bewußt oder unbewußt) gedacht habe. Daher komme ich nur mit Menschen in Kontakt, die einem Teil VON MIR entsprechen.

Um die Spiegelbilder in unserem Leben als Schlüssel zum Glücklich-Sein umsetzen zu können, bedarf es allerdings einer anderen ICH-Identifikation, als wir sie üblicherweise gewohnt sind. Ich darf sie wie folgt formulieren:

Ich bin nicht mein Körper, sondern ich HABE einen Körper. Mein Körper ist Materie und kann von sich aus – ohne meine Anweisung nichts tun. ICH bin also derjenige, der die Anweisungen gibt. ICH bin der denkende Geist, der den Zustand meines Körpers bestimmt und Tatsachen in meinem Leben hervorbringt.

2. Bewußtsein

Dein Bewußtsein ist ein immens großer Speicher geistiger Energie. Stell Dir bitte nochmal die riesengroße Kugel vor, die mit unzählig vielen, kleineren Kugeln vollgefüllt ist. Alle Kugeln zusammen machen in Summe Dein Bewußtsein aus. DU aber bist die große Kugel, die alle anderen enthält.

In Deinem Bewußtsein befinden sich demnach verschiedene Inhalte. Um beim obigen Bild zu bleiben, stellt jede kleinere Kugel, die in der großen enthalten ist, ein Symbol für eine Deiner Überzeugungen dar. Doch ganz gleich, welche das ist, entspricht sie immer einem bewußten oder unbewußten Gedanken von DIR, dem DU gestattest, sich in Deinem Bewußtsein zu befinden. Das bedeutet, daß ALLES, mit dem Du in Deinem Leben in Berührung kommst oder konfrontiert wirst, aufgrund DEINER geistigen Einstellung eine Form annimmt und somit konkret wird - das Schöne und das weniger Schöne. Du kannst Dich also der Verantwortung nicht entziehen, daß irgendein widriges oder schmerzvolles Ereignis nichts mit Dir zu tun hat - weil DU es bist, der den entsprechenden Gedanken dazu hat - und das ist ein geistiger Schöpfungsakt, der eben irgendwann in Deinem Leben Gestalt annimmt.

Solange Du glaubst,
das was Du denkst, sei wirkungslos,
bemerkst Du nicht,
daß Du es bist, der das in Deinem Leben Sichtbare erschafft.
Daher spiegelt alles in Deinem Leben
nur Dein eigenes Denken wider.

(Aus: Ein Kurs in Wundern)

Besonders dann, wenn Dir etwas Unangenehmes widerfährt und Dir Dein Gedanke nicht bewußt ist, der diese Erfahrung verursacht hat, mußt Du Dich als „dafür verantwortlich“ erklären, indem Du Dich fragst: „Welche Überzeugung muß ich wohl haben, daß mir das passiert ist?“

In Deinem Bewußtsein gibt es „bewußte“ UND „unbewußte“ Inhalte. Stell Dir am besten viele weiße, graue und schwarze Kugeln vor, die sich darin befinden. Die weißen repräsentieren Deine bewußten Gedanken und stehen demnach für Tatsachen in Deinem Leben, die Du bewußt geschaffen hast. Die grauen und schwarzen Kugeln sind Symbole für Denkweisen, Glaubenssätze und Überzeugungen, die Du HAST, auch wenn sie Dir noch nicht bewußt sind. Bitte vergiß nie, daß sich Deine unbewußten Gedankenstrukturen genauso verwirklichen und eine Form hervorbringen, wie Deine bewußten Gedanken. Die grauen und schwarzen Kugeln, als Symbole für unbewußte Inhalte, zeigen sich genauso als dementsprechende Ereignisse, Lebensumstände oder Personen in Deinem Leben. Du siehst immer das perfekte Spiegelbild eines ganz bestimmten, geistigen Schöpfungsaktes von DIR, ob er Dir bewußt war oder nicht.

Es geht nicht darum, daß Du Dich wegen der grauen und schwarzen Kugeln in Deinem Bewußtsein kritisierst, bemitleidest oder herabsetzt. Es geht darum, daß Du Dich als DAFÜR ZUSTÄNDIG erklärst und somit die Verantwortung übernimmst, ein bislang unbewußtes, selbstschädigendes Denkmuster erstens ans Licht zu bringen und es zweitens durch einen erfreulichen, glücklichmachenden Gedanken zu ersetzen.

DU bist derjenige, der für Ordnung zu sorgen hat. Wenn Du Dir ein glückliches Leben wünscht, dann mußt DU die

Verantwortung für Dein Denken übernehmen. Sei Dir bewußt, daß DU entscheidest, wie Du denkst und daß DU es bist, der die Folgen davon trägt. *Und damit Du sehen, hören und spüren kannst, welche Deiner Gedanken Dir gut tun und welche Dir schaden, spiegeln Deine Lebensumstände und die Menschen rund um Dich den Zustand Deines Bewußtseins wider.*

Du brauchst nur genau hinzusehen, um DICH zu erkennen. Sage Dir bei allem, was Dir passiert: „Dies geschah, weil ICH davon überzeugt bin. Daher muß sich irgendwo in meinem Bewußtsein ein dementsprechender Gedanke befinden." Was Du erlebst, sind DEINE verwirklichten Gedanken. Daher läßt sich jede Begebenheit auf einen Gedanken zurückführen und somit auf die Wortfolge eines Satzes reduzieren. Dies erfordert anfangs ein bißchen Übung. Wenn Du Dir jedoch aus gutem Willen heraus sagst: „ICH war es, der dieses Ereignis zuvor gedacht hat", kannst Du es schaffen, das Spiegelbild vor Deinen Augen in jenen Gedanken zu übersetzen, der es hervorgebracht hat. Jede unerfreuliche Tatsache in Deinem Leben besteht aufgrund eines unerfreulichen Denkschemas von DIR - und dieses gilt es herauszufinden, damit Du es aufgeben kannst. Ein Beispiel:

Du wolltest schon immer auf dem Land leben, weil Du Dich in grüner Natur am wohlsten fühlst. Trotzdem wohnst Du seit vielen Jahren in einer Großstadt. Du hast zwar einige Häuschen auf dem Land besichtigt, aber immer war es so, daß Dein Ortswechsel durch irgendeinen Umstand verhindert wurde. Einmal war der Kaufpreis zu hoch, dann wieder waren die Kinder dagegen oder jemand anderer hat einen Tag vor Dir besagtes Haus gekauft, obwohl Du diesmal fest dazu entschlossen warst. All diese Spiegelbilder zeigen einen ganz bestimmten, unbewußten Gedanken VON DIR, welcher

Dein Glücklich-Sein auf dem Land verhindert. Es sind nicht die Umstände, die daran schuld sind - sondern die hinderlichen Umstände (zu wenig Geld, maulende Kinder ...) ergeben sich deshalb, weil DU ein Hindernis in Deinem Denken und Glauben hast: Eine Überzeugung, die Dein Leben auf dem Land boykottiert, obwohl das Dein sehnlichster Wunsch ist! Vielleicht glaubst Du,

... daß das Leben auf dem Land harte Arbeit bedeutet,
... daß Du im Winter dort sehr einsam bist,
... daß Du es ohne Partner nicht schaffst, ein Haus zu bewirtschaften,
... daß an einem Haus ständig etwas kaputt wird,
... daß Du ein eigenes Haus nicht verdienst,
... oder daß Dein neuer Wohnort per Post zu Dir geflogen kommt.

Welcher Gedanke es auch sein mag, der die Erfüllung Deines Wunsches verhindert, er ist eine Überzeugung VON DIR. Also bist DU es, und niemand sonst, der sie erkennen und aufgeben kann.

Wenn Du das Spiegelgesetz als Schlüssel zum Glücklich-Sein anwenden willst, mußt Du Dir besonders für die unangenehmen Spiegelbilder Zeit nehmen. Schau genau hin, was Du zur Zeit siehst und erlebst. Schreibe auf, womit Du Dich nicht wohl fühlst und schließe die Übung mit der Feststellung ab: „Ich sehe und erlebe da MEINE Überzeugungen." Wenn Du nicht sofort formulieren kannst, welche das sind, hab bitte Geduld. Es genügt, wenn Du Dich mehrmals täglich bewußt daran erinnerst: „Ich sehe und erlebe MEINE Überzeugungen." Dies bewirkt, daß Du auch im Moment des Geschehens BEI DIR bleibst (und nicht dem Spiegelbild vorwirfst, daß es vor Deinen Augen ist ...) und Dich sehr rasch als dessen Erschaffer erkennst. Das Sichtbare vor Deinen Augen in den dahinterstehenden Gedanken zu übersetzen, ist dann nicht mehr schwierig. Wenn Du ihn herausgefunden hast, mache Dir noch ein letztes Mal bewußt, **welche Folgen er für Dich hatte** und laß ihn dann für immer los. Dann bist Du frei, einen neue, erfreulichere Überzeugung in Dein Bewußtsein einzuladen. Dort, wo ehemals eine schwarze Kugel ihren Platz behauptet hat, hast DU jetzt Raum für eine weiße geschaffen - für einen schönen und guten Gedanken, der Dir als bewußter, geistiger Schöpfungsakt jene Spiegelbilder beschert, die Du wirklich willst.

Das Spiegelgesetz wirkt aus dem einzigen Grund, damit Du es als Schlüssel **zum Glücklich-Sein** anwendest. Denn wem nützt es, wenn Du die unerfreulichen Spiegelbilder zwar registrierst und furchtbar darunter leidest, aber an der richtigen Stelle nichts veränderst? Es kann nicht oft genug betont werden, daß jedes Spiegelbild in Deinem Leben immer nur die Folge eines geistigen Schöpfungsaktes von DIR ist - und es daher auch nur DU sein kannst, der einen selbstschädigenden Gedanken aufzugeben vermag, um Platz für einen glücklichmachenden Gedanken zu schaffen, der als dementsprechend freudvolles Ereignis in Deinem Leben konkret wird.

Das Spiegelgesetz wirkt im Großen wie im Kleinen. Das bedeutet, daß Dir Dein Leben einerseits den roten Faden sehr tiefsitzender, unbewußter Glaubenssätze spiegelt und Dir andererseits auch den Spiegel Deiner flüchtigen, unkontrollierten Gedanken vor Augen hält, die Du ganz einfach produzierst, ohne Dir bewußt zu sein, daß sie Folgen haben. Bist Du später damit konfrontiert, willst Du damit am liebsten nichts zu tun haben - anstatt Dich selbst sofort zu fragen: „Welcher Gedanke hat mir dieses unangenehme Ereignis beschert und durch welchen schöneren könnte ich ihn ersetzen?“ oder „Wovon muß ich zutiefst überzeugt sein, daß ich immer wieder dasselbe Unglück erlebe?“

Ein Beispiel für einen konkret gewordenen, flüchtigen Gedanken - der sich als Spiegelbild etwa so zeigen würde:

Du willst Dir ein neues Paar Schuhe kaufen und denkst: „Schuhe, die mir gefallen, kosten bestimmt über S 1.000,-. So viel will ich aber nicht ausgeben.“ Dann machst Du Dich auf den Weg in ein Schuhgeschäft, probierst verschiedene, preiswerte Modelle - aber diese gefallen Dir nicht. Die anderen, die Dir gefallen, kosten alle über tausend Schillinge. Du suchst einen anderen Laden auf, siehst Dich wieder um und genauso wie im ersten Geschäft bestätigt sich DEIN Gedanke als sichtbares Spiegelbild: Schuhe, die Dir gefallen, kosten über S 1.000,- ... weil Du aber nicht so viel ausgeben willst, kommst Du ohne neues Paar Schuhe zu Hause an und bist frustriert ... ohne Dir bewußt zu sein, daß DU es warst, der sich das Spiegelbild „Schuhe, die mir gefallen, kosten über S 1.000,-“ selbst beschert hat, weil DU eben den Gedanken dazu hattest.

Würdest Du denken: „Ich finde heute ein Paar wunderschöne, preiswerte Schuhe, die mir gefallen“, ist das ein bewußter gedanklicher Schöpfungsakt mit erfreulichen Folgen für Dich, denn er wird Dir genauso gespiegelt, wie der andere: Irgendwo in einem Regal siehst Du ein Paar wunderschöne, preiswerte Schuhe, die Dir gefallen.

Ein Beispiel für eine tiefsitzende, unbewußte Überzeugung - die sich wie ein „roter Faden“ in verschiedenen Spiegelbildern etwa so zeigen könnte:

Seit Du Dich erinnern kannst, bist Du von Personen umgeben, die ständig von Dir etwas brauchen. Und weil Du ein guter Mensch bist, bist Du schließlich rund um die Uhr damit beschäftigt, die Bitten, Wünsche und Anliegen anderer zu erfüllen. Du hast kaum noch Zeit für Dich, denn schließlich bist Du ja auch noch berufstätig und hast noch Deinen Haushalt zu versorgen. Immer öfter grübelst Du darüber nach, warum sich immer alle an Dich wenden ... und nicht an einen Klempner, Therapeuten oder sonstige hilfreiche Einrichtungen. Und so sehr Du Dich auch bemühst, die anderen davon zu überzeuen, daß Du mehr Zeit für Dich benötigst, ändert sich nichts. Nach wie vor brauchen Deine Eltern, Verwandten, Geschwister, Freunde und Kollegen in irgendeiner Form Deinen hilfreichen Einsatz - obwohl Du Dich schon seit Monaten auf einen erholsamen Urlaub freust, der dadurch immer wieder verhindert wird. Du siehst und erlebst also immer wieder das Spiegelbild einer tiefsitzenden, unbewußten Überzeugung, die sich in Deinem Bewußtsein befinden muß (!). Draufzukommen, welche das ist, wird leichter, wenn Du Dich fragst: „Welcher Glaube, den ich habe, beschert mir, daß ich ununterbrochen zu allem möglichen herangezogen werde?" Er könnte etwa so lauten: „Gute Menschen lehnen keine Bitte ab" oder „Als Mensch ist man nur dann etwas wert, wenn man hilft" oder „Ich fühle mich nur geliebt, wenn mich jemand braucht." Glaubenssätze sind auch nichts anderes, als tief verwurzelte Gedankenstrukturen ... Es sind die schwarzen Kugeln in Deinem Bewußtsein mit dementsprechenden Folgen.

Um den für Dich nicht mehr erfreulichen, roten Faden des ständigen „Gebraucht-Werdens" im Außen zu verändern, müßtest Du zu allererst Deine Überzeugung aufgeben, daß Du aus irgendeinem Grund gebraucht werden mußt: Um als guter Mensch zu gelten ... um Dein Wertgefühl zu erhöhen ... um Dich geliebt zu fühlen. Würdest Du statt dessen ***konsequent*** *denken: „Gute Menschen sagen je nach Stimmigkeit JA oder NEIN" ... oder: „Ich bin ein wertvoller Mensch" ... oder: „Ein erholsamer Urlaub steht mir jederzeit zu", würdest Du allmählich andere Spiegelbilder erleben - weil DU einen bewußten, geistigen Schöpfungsakt mit dementsprechend erfreulichen Folgen vollbracht hast.*

Zusammenfassung:

Ich bin Bewußtsein. Ich bin ein riesengroßer, geistiger Speicher, in dem sich unterschiedliche Gedanken, Überzeugungen und Glaubenssätze befinden. Viele davon sind mir bewußt, viele andere nicht. Doch ALLES Geistige, das ich in mir habe, bringt eine dementsprechende, sichtbare Form hervor, die ich sowohl in meinen Lebensumständen wie auch an den Menschen rund um mich gespiegelt sehe. Um zu erkennen, wie ich denke und wovon ich überzeugt bin, brauche ich mich also nur in meinem Leben umzusehen und mich fragen: „Welcher Gedanke hat mir dieses Spiegelbild beschert?" oder „Wovon muß ich wohl zutiefst überzeugt sein, daß sich bestimmte Spiegelbilder wie ein roter Faden durch mein Leben ziehen?" Das Spiegelgesetz wirkt aus dem einzigen Grund, damit ich es als Schlüssel zum Glücklich-Sein anwende - indem ich die unangenehmen Spiegelbilder ansehe, mich als deren geistiger Verursacher erkenne und mich somit als „dafür zuständig" erkläre. Denn ICH bin derjenige, der für den Zustand meines Bewußtseins verantwortlich ist. ICH bin es, der wählt, welche Gedanken, Glaubenssätze und Überzeugungen in meinem Bewußtsein bleiben dürfen und welche nicht. Jedes unangenehme Spiegelbild ist daher meine große Chance, eine bislang unbewußte, selbstschädigende Überzeugung, die ich HABE, tatsächlich im Außen zu sehen und zu erleben. Nicht, um darunter zu leiden, oder mich deswegen zu kritisieren, sondern nur, um den dahinterliegenden Gedanken herauszufinden, der es mir beschert hat. Ich bin auf der Welt, um mich des Lebens zu FREUEN - nicht, um zu leiden. Und daher bin ICH derjenige, der in meinem Bewußtsein Platz schaffen muß: Für freudvolle Gedanken der Selbstwertschätzung und Liebe, um diese in meinem Leben als Tatsachen gespiegelt zu sehen.

3. Die erste Herausforderung: „Das bin ja ich!“

Wenn Du das Spiegelgesetz als Schlüssel zum Glücklich-Sein umsetzen willst, mußt Du Dich einigen Herausforderungen stellen. **Die erste ist das Zurücknehmen sämtlicher DU-Botschaften und Beschuldigungen,** die Du anderen Menschen zuweist. Bitte erinnere Dich: Das unschöne Ereignis vor Deinen Augen **muß** sich zuvor in Deinem Geist abgespielt haben, wie hätte es sonst Gestalt annehmen können? Würdest Du jetzt Dein Gegenüber beschuldigen, daß es für Dich die Rolle spielt, die DU ihm zugedacht hast, wäre das eine Art Vogel-Strauß-Politik, die Du mit Dir selbst betreibst. Denn dann willst Du nicht anerkennen, daß DU es bist, der das Sichtbare in Deinem Leben erschafft.

Im ersten Kapitel habe ich schon erwähnt, daß alles, was Du in Deinem Bewußtsein festhältst, irgendwann in Deinem Leben eine Form annimmt und somit konkret wird. DEINE Gedanken und DEINE Überzeugungen treten zum idealen Zeitpunkt als Ereignisse oder in menschlicher Gestalt in Erscheinung. Ist es ein unerfreuliches Ereignis, bleibt es dennoch wahr, daß DU es warst, der den geistigen Schöpfungsakt dazu vollbrachte - weil sich eben irgendwo in Deinem Bewußtsein die entsprechende Idee dazu befindet. Seien die sichtbaren Spiegelbilder in Deinem Leben auch noch so unangenehm, entheben sie Dich nicht der Verantwortung, daß DU deren „Erschaffer“ bist.

Wenn Du Dir bei jedem Spiegelbild, das Dich auf irgendeine Weise berührt - sei es ein Lebensumstand, ein Ereignis oder eine Person - sagst: „ICH war es, der den Gedanken dazu hatte“, wirst Du die erste Herausforderung sehr rasch gemeistert haben. Ich habe das selbst erlebt. Je öfter ich mir bewußt mache, daß ICH es bin, der das Geschehen vor meinen Augen offenbar so will, wie es eben ist, umso klarer werden mir meine Überzeugungen und Denkmuster. Ich weiß, daß ich immer nur in meinen eigenen Spiegel blicke und meine verwirklichten Gedanken sehe. Wie könnte ich mich dann der Verantwortung für deren Folgen entziehen? Wo ICH es doch bin, der mein Glück oder Unglück selbst erzeugt! Ein bestimmtes, unschönes Erlebnis oder eine bestimmte uncharmante Person kann nichts dafür, in meinem Leben zu sein, weil ICH es war, der sie dazu eingeladen hat.

Solange Du damit haderst oder daran zweifelst, der Erschaffer von Tatsachen zu sein, wird es Dir schwierig erscheinen, das Spiegelgesetz für Dich umzusetzen. Es ist Deine Weigerung, Verantwortung für die Geschehnisse in Deinem Leben zu übernehmen, die Dir dabei in Quere kommt ... weil es so viel einfacher ist, einen „Schuldigen" für Deinen Mißmut zu finden und somit aus dem Schneider zu sein ...

Ich erinnere mich an eine Frau, die öfter zu meinen Gruppenabenden gekommen war. Sie empfand es als Hochmut, sich als Schöpfer zu bezeichnen. Wenn das Wort „Schöpfer" auch für Dich unangenehm klingt, wähle bitte selbst ein anderes Wort, das Dir besser zusagt. Das Wort an sich ist nicht wichtig. Worauf es ankommt, ist die Botschaft, die Du Dir damit bewußt machst: „ICH bin derjenige, der aufgrund meines Denkens, meiner Überzeugungen und meines Glaubens Tatsachen manifestiert".

Wenn Dir das ein für alle Mal klar geworden ist, hast Du aufgrund der Spiegelbilder in Deinem Leben einen ganzen Schlüsselbund zum Glücklich-Sein in der Hand - weil Du immer Deine derzeitig aktuelle, innere Struktur sichtbar vor Augen hast. Wenn da etwas ist, das Dir körperlich oder seelisch schadet, dann weißt Du, daß DU es bist, der seine Überzeugung „Schmerz erleiden zu müssen“ aufgeben kann. Wenn Du ständig um etwas kämpfen mußt - um Deinen Job, um Deinen Partner, um einen Parkplatz oder um eine Stunde Freizeit, dann weißt Du, daß DU es bist, der den Gedanken „Man muß sich alles im Leben erkämpfen“ in einen schöneren verwandeln sollte. Es sei denn, Du willst weiterhin so leben, wie bisher. Niemand, außer Dir selbst, kann Dich daran hindern. Die Spiegelbilder im Außen verändern sich nur dann, wenn DU die Überzeugungen aufgibst, die sie hervorgerufen haben. Nur in den Spiegel zu schauen ist zu wenig, um ein neues Bild zu sehen. Du kannst das gerne ausprobieren und in Deinen Badezimmerspiegel blicken. Solange DU ein griesgrämiges Gesicht machst, wird Dein Spiegelbild nicht lächeln. Analog dazu können sich Deine Lebensumstände nicht zum Besseren verändern, solange DU an Deiner bisherigen Geisteshaltung festhältst. Erst, wenn DU erfreuliche Gedanken der Selbstwertschätzung entwickelst und Deinen Glauben an das Gute und Schöne entfachst, werden allmählich neue Spiegelbilder in Deinem Leben auftauchen.

Du kannst jetzt gleich damit beginnen, Deine Lebensumstände, die Ereignisse in Deinem Leben und die Menschen, von denen Du umgeben bist, als verwirklichten und somit sichtbaren Ist-Zustand Deiner derzeitigen Geistesverfassung anzuerkennen und eine sehr wichtige Wahl treffen: „Wenn mir ein Spiegelbild in meinem Leben nicht gefällt, weil es mir auf irgendeine Weise schadet oder mich unglücklich macht, kann ich mir meinen bisher unbewußten Gedanken dazu bewußt machen und ihn dann für immer weggeben.“

Als ich vor Jahren mit meinem geistigen Frühjahrsputz begonnen habe, hat es mir sehr geholfen, meine negativen Gedanken aufzuschreiben. Dazu habe ich früher einige Seiten benötigt. Heute ist es so, daß ich dafür nur noch ein kleines Kärtchen brauche, weil ich meinen negativen Gedanken sehr rasch herausfinde. Ich frage mich nämlich sofort an Ort und Stelle: „Was genau muß ich wohl gedacht haben und wovon bin ich überzeugt, daß ich dieses Spiegelbild vor Augen habe?“ Das Formulieren von Gedanken ist reine Übungssache, jeder kann das erlernen. Eine negative Überzeugung niederzuschreiben, halte ich für eine gute Methode, sie los zu werden. Ich lese meine Kärtchen dann noch ein letztes Mal durch und vernichte sie dann. Zum Schluß bedanke ich mich dafür, daß ich aufgrund eines bestimmten, unangenehmen Spiegelbildes in meinem Leben erkennen durfte, mit welcher Überzeugung ich mir selbst schade, würde ich sie noch länger in mir bewahren. Ich weiß, daß Gott in mir ist und all meine Gedanken heilt.

Ein Beispiel für einen ungewollten Lebensumstand:

Du bist seit längerer Zeit arbeitslos. Jede Woche studierst Du die Stellenangebote, schreibst Bewerbungen, stellst Dich bei verschiedenen Firmen vor - und bekommst jedesmal eine Absage. Das Leben spiegelt Dir damit eine Überzeugung, die Du HAST, obwohl sie Dir nicht bewußt ist. Frage Dich: „Was glaube ich und durch welchen Gedanken erschaffe ich die Situation, daß meine Bewerbungen abgelehnt werden?“

Möglichkeiten ->
„Ich bin dafür zu alt ... hab zu wenig Erfahrung ... die nehmen bestimmt jemand anderen ... da fehlt mir die Praxis ...

ich bin zu ungeschickt ... ich verlange zu viel Lohn ... ich trau mir das nicht zu ... ich hab keine Freude daran ... eigentlich will ich garnicht arbeiten ..."

Ein Beispiel für ein unerfreuliches Ereignis:

Du hast Freunde, Bekannte und Kollegen zu einem Gartenfest eingeladen. Alle 20 Personen haben zugesagt, also kaufst Du Essen für 20 Personen ein und beginnst gut gelaunt mit den Vorbereitungen. Innerhalb der nächsten zwei Stunden klingelt jedoch mehrmals das Telefon und acht Personen teilen Dir mit, daß sie leider doch nicht kommen können. Von den restlichen zwölf Gästen erscheinen weitere drei nicht, ohne sich bei Dir zu melden. Bevor Du noch vor Ärger explodierst, sage Dir: „Ich muß den Gedanken zu diesem Ereignis gehabt haben, denn ich erschuf damit die Tatsache, daß nur neun von zwanzig geladenen Gästen kamen."

Möglichkeiten ->

„Ich hab zu wenig Platz für so viele Leute ... wer weiß, ob sich alle gut miteinander vertragen ... da werde ich wieder völlig geschafft sein ... so ein großes Fest wollte ich eigentlich nicht ... am liebsten sind mir Gesellschaften mit höchstens 10 Personen ... Kurt und Else kommen bestimmt nicht ... eigentlich habe ich Georg nur eingeladen, damit mehr Männer da sind ... werd ich froh sein, wenn alles vorüber ist und ich meine Ruhe habe ..."

Ein Beispiel für eine unangenehme Situation mit einem Menschen:

Du hast Dich spontan in eine Frau verliebt und lädst sie zu einem Rendez-Vous ein. Im Laufe Eures Zusammenseins bemerkst Du, daß sie zwar freundlich aber distanziert bleibt, obwohl Dein Herz vor lauter Klopfen zu zerspringen droht und Du sie am liebsten in die Arme schließen würdest. All Deine Versuche, ihr näher zu kommen, werden nicht erwidert. Sie behandelt Dich wie einen guten Bekannten und beantwortet Deine Frage nach einem Wiedersehen etwa so: „Wir können uns gerne mal auf eine Stunde zusammensetzen." Bevor Du nun Deinen bitter enttäuschten Gefühlen freien Lauf läßt, atme tief durch und mache Dir bewußt: „Im Verhalten dieser Frau sehe ich mich gespiegelt. Daher muß sich in MIR die Überzeugung befinden, daß diese Frau nicht meine Liebespartnerin ist - und daher stimmt die Situation, genauso wie sie ist, für mich."

Ich hoffe, daß diese simplen Beispiele deutlich zeigen, wie unsere Titelzeile zu verstehen ist. Die erste Herausforderung:

„Das bin ja ICH (gewesen), der diese Situation geschaffen hat!

Das war ja ICH, der dieses Ereignis schon als Gedanke, Idee oder Überzeugung in seinem Geist gehabt haben muß, noch bevor es sich verwirklichte!"

Du hast die erste Herausforderung ab dem Moment gemeistert, wo Du auch sämtliche unangenehmen Spiegelbilder in Deinem Leben als **Deine eigenen Schöpfungen** anerkennst - und Dir für jedes einzelne ohne Ausflüchte und Hintertür bewußt machst, daß in DEINER Geistesverfassung ein entsprechender Gedanke dazu (gewesen) sein muß. Anstatt Dich nur darüber zu ärgern, zu kränken oder zu resignieren, könntest Du aufrichtig dankbar sein. Denn jedes unangenehme Spiegelbild in Deinem Leben zeigt Dir bloß auf, daß DU in bestimmten Punkten ohne Liebe denkst ... Würden all Deine Überzeugungen voller Liebe sein, wären die Tatsachen in Deinem Leben ebenfalls ein sichtbares Spiegelbild davon: Du wärst in allen Bereichen ... Familie, Freundeskreis, Partnerschaft, Beruf, Geld, Behausung, Aussehen ... glücklich! Bist Du es hier oder dort noch nicht, blicke dankbar auf die derzeit sichtbaren Spiegelungen Deiner lieblosen Überzeugungen und lasse sie dann gehen - indem Du einfach damit aufhörst, sie ständig zu wiederholen oder Dich ununterbrochen damit zu beschäftigen.

Eine Überzeugung ändert sich weder durch Analysieren, noch durch Aufarbeiten oder Verstehen. Bestenfalls weißt Du dann, WARUM Du zum Beispiel Berührungsängste hast und welches traumatische Ereignis sie ausgelöst hat. Aber Deine Überzeugung, daß Berühren nicht gut für Dich ist, behauptet immer noch ihren Platz in Deinem Bewußtsein - weil DU ihr gestattest, dort zu sein. Bitte erlaube Dir jetzt nicht, Deine Fähigkeiten als Schöpfer von Tatsachen unter den Scheffel zu stellen. Sei Dir bewußt, daß DU dafür zuständig bist, was Du kraft Deines Denkens und Glaubens tatsächlich erlebst. Also warum dann nicht **bewußt** etwas Erfreuliches denken und an das Gute glauben, anstatt immer wieder den Frust Deiner Vergangenheit aufzurollen? Gott hat Dir seine Fähigkeiten gegeben, damit Du sie zu Deiner Lebensfreude und zu Deinem Glück anwendest! Oder hältst Du es für möglich, daß Du irgendeinen Menschen (Dich eingeschlossen!) im Herzen berühren und froh stimmen könntest, wenn Du Dich tagaus, tagein nur mit den Folgen Deiner lieblosen Überzeugungen beschäftigst ... obwohl es allein in DEINER Macht liegt, sie aufzugeben?

Um Mißverständnisse beim Entschlüsseln von Spiegelbildern möglichst zu vermeiden, darfst Du unsere Titelzeile „Das bin ja ICH!“ nicht falsch verstehen. Wenn Du Dich zum Beispiel einer Person gegenüber befindest, die anstatt Besteck und Teller zu verwenden, gleich aus der Schüssel ißt, bedeutet das nicht, daß auch Du diese Angewohnheit hast - sondern daß Du den GEDANKEN zu diesem Erlebnis in Deinem Geist gehabt haben mußt. Vielleicht, um ein Urteil aufzuheben, daß Du irgendwann früher einmal getroffen hast. Zum Beispiel: „Menschen, die sich nicht zu benehmen wissen, sind dumm, gewöhnlich und primitiv. Sie sind es nicht wert, daß ich sie ansehe und beachte.“

Zusammenfassung:

Jede Situation in meiner äußeren, sichtbaren Umgebung spiegelt immer nur, was innen ist - in meiner geistigen Welt. ICH aber bin derjenige, der für den Zustand meiner Geisteshaltung verantwortlich ist. Ich bin es, der dort für Ordnung zu sorgen hat. Ich bin derjenige, dem Gott die freie Wahl zugesteht, welche Überzeugungen ich haben will und welche nicht. Ich bin als Schöpfer von Tatsachen mit denselben Fähigkeiten wie Gott ausgestattet, weil mein Geist und Gottes Geist ein und dasselbe sind. Daher bin ich derjenige, der kraft seines Denkens Ereignisse, Lebensumstände oder Zufälle manifestiert. Ich bin es, der Menschen anzieht, die meiner Geisteshaltung entsprechen. Mit jedem Gedanken, den ich denke, bediene ich mich der Macht eines Schöpfers von Tatsachen in meinem Leben. Denke ich MIT Liebe und ruhen meine tiefsten Überzeugungen auf einem Fundament der Lebensfreude und des Friedens, kann es garnicht anders sein, als daß mein Leben ein wunderbares Spiegelbild davon zeigt.

4. Was gehört wirklich zu mir?

Wie schon erwähnt, habe ich in vielen gemeinsamen Stunden Menschen dazu ermuntert, die aktuellen Spiegelbilder in ihrem Leben selbst entschlüsseln zu lernen. Was mir dabei wiederholt aufgefallen ist, will ich gerne an Dich weitergeben, damit Dir nicht derselbe „Fehler" passiert, wie vielen anderen: Die Schwierigkeit lag nicht beim Entschlüsseln, sondern beim Unglauben, schöne und glücklichmachende Ereignisse hervorrufen zu dürfen. Es kam mir vor, als würden es manche Menschen als besonderes Privileg empfinden, unglücklich zu bleiben - denn nichts auf der Welt hätte sie dazu bewegen können, ihre schöpferische Geisteskraft **bewußt zu ihrem Glück** zu gebrauchen. Lieber blickten sie weiterhin bitter enttäuscht auf die Spiegelbilder ihrer eigenen (!) Geistesverfassung und krallten sich gedanklich daran fest ... ohne die Ursache in ihrer Einstellung zu verändern und wunderbare Gedanken der Selbstachtung und Liebe ins Bewußtsein zu nehmen.

Nur das, was Gott erschaffen hat, ist unveränderlich.
Was DU gemacht hast, läßt sich immer ändern.
Denn wenn Du nicht wie Gott denkst,
denkst Du überhaupt nicht wirklich.

(Aus: Ein Kurs in Wundern)

Bitte ersetze den Begriff „Gott" einfach durch das Wort „Liebe", um diese Botschaft richtig zu verstehen. Dann begreifst Du, daß es in DEINER Macht liegt, sämtliche Deiner lieb-losen Überzeugungen aufzugeben, indem Du beginnst, wie Gott zu denken: MIT ganz viel Liebe, Wertschätzung und Hochachtung für Dich selbst ... Deine Eltern, Geschwister, Kinder, Freunde ... und alles, was um Dich herum ist.

Solltest Du derzeit wenig erfreuliche Spiegelbilder in Deinem Leben sehen, genügt es also nicht, sie nur zu entschlüsseln, um sie zu verändern. Es hilft auch niemandem (Dich eingeschlossen!), wenn Du darunter leidest oder Dich darüber ärgerst. Es sei denn, Du WILLST das. Bitte sei Dir bewußt, daß Gott sich in Deinen Willen nicht einmischt, weil er Dir das gleiche Recht zugesteht, wie sich selbst: Die Freiheit, zu denken und zu glauben, was immer Du willst. Denkst Du negativ und siehst alles „schwarz“, spiegelt sich Deine Einstellung in dementsprechenden Erfahrungen, die Du machst. Du verlierst Deine Geldbörse ... hast einen boshaften Nachbarn ... Dein Partner hat nie Zeit für Dich ... Du bist öfter krank ... Freunde wenden sich von Dir ab ... Du hast einen schlecht bezahlten Job ... usw. Was immer es ist, das Dir Dein Leben spiegelt: Du siehst und erlebst die Verwirklichung DEINER Geisteshaltung. Und deshalb ist es so wichtig, daß Du Dir bei weniger schönen Ereignissen, die Dich unmittelbar betreffen, die folgende Frage stellst: „Gehört das wirklich ZU MIR, was ich da erlebe?“ Bitte erlaube Dir nur, mit JA oder NEIN zu antworten. Denn mit jedem VIELLEICHT bestätigst Du Deine Zweifel an Dir selbst. Wenn es Dir anfangs schwer fällt, ein klares JA oder NEIN vor Dir selbst auszusprechen, will ich Dir verraten, was mir dabei sehr geholfen hat.

Jedesmal, wenn ich versucht war, zu zweifeln, habe ich mir noch eine Frage gestellt: Würde mir jemand, der mich wirklich liebt, mit VIELLEICHT antworten, wenn ich ihn frage, ob er mich liebt?“ oder anders formuliert: „Wenn ich mich frage, ob ich mich liebe, würde ich mir dann mit VIELLEICHT oder NEIN antworten?"

Das bedeutet, daß Du Dir jedesmal, wenn Du zu einem Spiegelbild, das Liebe in keinster Weise fördert ... weil es Dich NICHT froh und glücklich stimmt ... Dir Deinen Frieden raubt ... Dich krank macht ... „VIELLEICHT gehört das doch zu mir" sagst, bestätigst, daß Du unglücklich bleiben willst. Sagst Du hingegen NEIN dazu, bekräftigst Du damit liebevolle Hochachtung und Wertschätzung vor Dir selbst. DU selbst hast Dir ja das unangenehme Spiegelbild geholt, um es zu erleben und eine sehr wichtige Entscheidung zu treffen: „Will ich mir weiterhin solche Spiegelbilder bescheren? Will ich unglücklich bleiben oder bin ich bereit, glücklich zu werden?"

Ein Beispiel:

In einer anderen Stadt lebend, bist Du von einer Bekannten für ein paar Tage eingeladen worden, bei ihr zu wohnen und die Sehenswürdigkeiten der hiesigen Umgebung zu bewundern. Mit Freude hast Du zugesagt und befindest Dich am zweiten Tag plötzlich in der folgenden Situation: Nachdem Deine Gastgeberin noch schlief, hast Du fürs Frühstück eingekauft. Nach einer guten Stunde - es ist später Vormittag - läutest Du vergeblich an der Wohnungstür, es wird Dir nicht geöffnet. Eine weitere Stunde vergeht und alle Versuche, Deine Bekannte telefonisch und durch immer lauteres Klopfen an der Tür zu wecken, bleiben ohne Erfolg. Es ist Mittagszeit, als Dir Deine Gastgeberin endlich mit den Worten öffnet, sie hätte so fest geschlafen und Dich nicht gehört.

Entschlüsselung des Spiegelbildes:

Du bist in einer Situation, die Dich wahrhaftig NICHT froh stimmt. Mit vollen Einkaufstüten hast Du in einer fremden Stadt stundenlang vor einer verschlossenen Tür gewartet, obwohl Du dort als Gast willkommen geheißen wurdest. Dennoch hast Du Dir dieses Spiegelbild selbst geholt. Daher **muß** sich in Dir die Überzeugung befinden, daß Du als Gast nicht immer gut behandelt wirst. Und genau jetzt, im Augenblick des Geschehens, wo Du diese unbewußte Überzeugung gespiegelt siehst, solltest Du Dich fragen: *„Gehört diese Situation wirklich ZU MIR? Gehört sie zu meinem Wohlbefinden, zu meinem Glück, zu meiner Lebensfreude? JA oder NEIN?"* Ist Deine Antwort NEIN, kannst Du infolge dessen gleich an Ort und Stelle handeln. Zum Beispiel könntest Du Dich für die Einladung bedanken und Dich gleichzeitig freundlich verabschieden und während Deiner Heimreise einen erfreulichen Impuls zum Thema Gastfreundschaft ins Bewußtsein nehmen. Zum Beispiel: Nur noch verläßliche, liebevolle Gastgeber laden mich ein. Oder: Als Gast bin ich überall König.

Ist Deine Antwort JA, VIELLEICHT oder WEISS ES NICHT, bekundest Du damit, noch mehr ähnliche Situationen erleben zu wollen. Denn die Ursache dafür würde unverändert in Deinem Geist bestehen bleiben und sich weiterhin in Situationen spiegeln, in denen Du eben als Gast schlecht oder lieblos behandelt wirst ...

Ich hoffe, daß durch dieses simple Beispiel klarer wird, wie fruchtlos es ist, das **Spiegelbild** zu beschimpfen ... sich darüber zu ärgern ... darunter zu leiden ... sich zu sorgen ... es zu verurteilen ... Denn das Spiegelbild ist immer nur der Spiegel unseres eigenen Bewußtseins und kann nichts dafür, in unserem Leben zu sein. Das Spiegelbild darf sein, wie es ist

- und wenn wir ein anderes sehen und erleben wollen, dann müssen wir in unserer geistigen Welt ein neues erschaffen und eine neue Ursache setzen, die unser Herz erfreut.

Wenn es Dir anfangs schwer fällt, Dich positiv für Dein Glücklich-Sein einzusetzen, formuliere die Frage, ob bestimmte Verhaltensweisen anderer Personen ZU DIR gehören, umgekehrt. In unserem Beispiel: „Würde ICH meinen Gast stundenlang vor verschlossener Tür warten lassen?“ Spätestens dann wirst Du erkennen, was tatsächlich ZU DIR gehört und ein klares JA oder NEIN dazu aussprechen können. Was mir dabei sehr hilft, ist mein täglicher Lieblingsleitspruch: „Ich bin auf der Welt, um froh und glücklich zu sein!“ Ich habe es mir zur freudigen Gewohnheit gemacht, ihn oft zu wiederholen. Manchmal singe ich ihn laut zu einer Melodie, die mir gerade einfällt oder schreibe ihn ganz groß in mein persönliches Schatzbuch. Ich weiß, daß ich hier bin, um glücklich zu sein und mich am Leben zu erfreuen! Umso leichter fällt es mir, zu einem Spiegelbild JA oder NEIN zu sagen, weil ich mir ganz sicher bin, daß eben alles, was nicht zu meiner Freude, meinem Glück und meinem Wohlgefühl beiträgt, nicht zu mir gehört. Niemand hat etwas davon, wenn ich traurig oder wutentbrannt unter Menschen oder Situationen leide, die mich unglücklich stimmen. Im Gegenteil. Ich würde noch mehr „Unglücksraben“ heranziehen, weil sich die Unglücksenergie rund um mich ausbreiten und verstärken würde.

Meine Erfahrungen mit Gruppen haben bestätigt, daß viele Menschen von schrecklichen Gewissensbissen und großen Schuldgefühlen geplagt werden, bevor sie zu einer Person oder Situation NEIN sagen, die sie immer mehr ins Unglücklich-Sein stürzt. Das am häufigsten vorgebrachte Argument „Das kann ich ihr (ihm) doch nicht antun ...“ halte ich für eine gefährliche Ausrede, die uns vom Zentrum unseres wahren Wesens allzu weit entfernt. Denn eigentlich müßte das Argument, um bei unangenehmen Spiegelungen zu einer klaren Entscheidung zu gelangen, lauten: „Das darf ich MIR nicht länger antun. Denn ich bin ein Vertreter Gottes auf Erden und Gott ist Liebe, Lebensfreude, Wohlbefinden und Glück."

Unsere Titelzeile anders formuliert, könnte daher lauten: „Macht mich das von ganzem Herzen froh und und glücklich, was ich da in meinem Leben sehe, höre und erlebe?" Bitte stelle Dir diese Frage für jedes Spiegelbild in Deinem Leben, das Dich beschäftigt und schaffe Ordnung in Deinem Bewußtsein, indem Du JA oder NEIN dazu sagst. Ich wurde schon öfter gefragt, wie es sich anfühlt, wenn man glücklich ist und wie man diesen Zustand erreicht. Meine Antwort darf ich jetzt auch an Dich weitergeben: Glücklich bist Du dann, wenn Du tust, was Dein Herz erfreut und was Dir leicht und mühelos gelingt. Um diesen Zustand zu erreichen, mußt Du die negativen Prägungen Deiner Kindheit ein für alle Mal als vergangen betrachten und wie der Erwachsene handeln, der Du bist. Du bist ein Wesen, dem die Macht Gottes innewohnt. Das bedeutet, daß DU Deine seelisch-geistige Verfassung selbst ordnen kannst, indem Du die unerfreulichen Spiegelbilder in Deinem Leben als Deine eigenen Schöpfungen anerkennst, Dich bei ihnen bedankst und dann ein klares „Nein, das gehört nicht mehr zu mir" aussprichst. Wenn DU tust, was Dich erleichtert ... was Dir Freude macht ... was Dir Frieden schenkt ... was Dir wie von selbst gelingt ... was Dich erheitert ... kurzum, was Dich froh und glücklich stimmt, dann bist Du auf dem Weg, den Gott für Dich will. Oder könntest Du Dir etwa vorstellen, daß Dich jemand ins Unglück stürzen würde, der Dich liebt? Gott hat mit Deinen Selbstgeiselungen und Deinem Selbstmitleid nichts zu tun. Nur DU tust Dir das an, weil Du immer noch glaubst, daß irgendeine bedrohliche Wesenheit oder andere Personen über Dein Glück oder Unglück entscheiden. Solange Du an den „Fehlern" Deiner Eltern oder Deines früheren Partners gedanklich festhältst, bleibst Du das von deren Liebe abhängige Kind, obwohl Du schon 40 oder weit über 50 Jahre alt bist. Dennoch liegt es jetzt in Deiner Hand, Dich jener Liebe zuzuwenden, die allgegegwärtig ist und Dich sanft dorthin lenkt, wo Du wirklich glücklich bist. Du kannst die Liebe Gottes zu Dir aufs Beste unterstützen, indem Du tust, was Dich wirklich froh stimmt, was Dir leicht fällt und was Dein Herz erfreut! Alles andere lasse sein.

5. Die zweite Herausforderung: „Ich liebe Dich.“

Ich hoffe, mit diesem Kapitel ein Mißverständnis aufklären zu können, was die Liebe betrifft. In meinem erleuchteten Geisteszustand durfte ich mit absoluter Gewißheit erfahren, daß jede Situation zwischen Menschen immer stimmt und daß niemand je etwas falsch machen kann. Ich habe gesehen, wer mein Gegenüber in Wahrheit ist: Ein lichtdurchflutetes, strahlendes Wesen aus reiner Liebe - ganz gleich, in welch scheußlicher Rolle es hier soeben auftritt. Ich habe erkannt, daß die jeweilige Rolle, die da gerade jemand für mich spielt, aus LIEBE ZU MIR gespielt wird ... und daß dies eine Liebe ist, die mein menschliches Fassungsvermögen zigtausendfach übersteigt. In Worte zu kleiden, wer der der untreue Partner ... das schwierige Kind ... der launische Chef ... der boshafte Nachbar ... usw. in Wahrheit sind, kann trotzdem nur ein Versuch sein, in Dir das Bewußtsein einer völlig anderen Form von Liebe zu erwecken, die Du vielleicht noch nicht kennst. Das NEIN-Sagen zu einem unangenehmen Spiegelbild wird Dir keine Schwierigkeiten mehr bereiten, wenn Du die dahinterstehende Liebe als einzige Wahrheit anerkennst.

Augenscheinlich gibt es manchmal Personen in Deiner Nähe, die Dir Dein Leben aufgrund eines bestimmten Verhaltens erschweren. Sie sind deshalb in Deinem Leben und spielen diese Rolle für Dich, weil DU ihnen dieses bestimmte Verhalten zugedenkst. Wenn Du zum Beispiel immer wieder denkst, daß Dein Chef mit Deinen Leistungen nicht zufrieden sein wird, darfst Du Dich nicht wundern, wenn er für Dich die Rolle des unzufriedenen Kritikers spielt!

Als exakt stimmiges Spiegelbild DEINER unbewußten Überzeugungen, schlüpft ein ebenso reines, engelhaftes Wesen, wie Du es bist, vor Deinen Augen in das Kostüm, das DU ihm zuschreibst. Ich gebe zu, daß es nicht leicht ist, das zu glauben - aber Dein Gegenüber verkörpert jene unheilen Gedanken, die DU aussendest, ohne Dir darüber bewußt zu sein. Und daher bist Du es selbst, den Du da gespiegelt siehst.

Wenn da eine Person ist, die Dich belügt, so ist sie AUS LIEBE ZU DIR in das Gewand eines Lügners geschlüpft, damit DU Deine geistige Einstellung an konkreten Tatsachen gespiegelt siehst. Wirst Du immer wieder angelogen, bedeutet das, daß DU Dich in irgendeinem bestimmten Bereich Deines Lebens selbst anlügst.

Wenn Dir Dein Partner niemals zeigt, daß er Dich liebt, so spielt er dennoch AUS LIEBE ZU DIR diese Rolle. Damit DU gespiegelt siehst, was DEINE unbewußte Überzeugung ist: DU liebst Dich selbst zu wenig.

Wenn Du Kinder hast, die ihre Zimmer nicht aufräumen, obwohl Du es ihnen jeden Tag dreimal sagst, halten sie Dir das Spiegelbild DEINER geistigen Unordnung vor Augen. Sie benehmen sich AUS LIEBE ZU DIR so, damit DU erkennst, wo DU in Deinem Geist aufzuräumen hast.

Wenn Dir ein Freund immer noch nicht verziehen hat, was vor 25 Jahren zwischen Euch passiert ist, spielt er die Rolle des Unversöhnlichen AUS LIEBE ZU DIR. Damit DU gespiegelt siehst, was immer noch DEIN Herz blockiert. Es ist DEINE mangelnde Bereitschaft zu vergeben, die da konkret ans Tageslicht kommt.

Du kannst diese Beispielkette selbst fortsetzen, um einen Überblick zu gewinnen, was derzeit in Deinem Bewußtsein lebendig ist - obwohl Du Dir darüber garnicht im Klaren bist.

Du brauchst nur genau hinzusehen. Was immer Du gespiegelt siehst, bist DU. Es ist das Abbild DEINER Geisteshaltung. Und sämtliche Personen, die darin vorkommen, verkörpern bestimmte Rollen FÜR DICH und AUS LIEBE ZU DIR, damit Du erkennst, wo **DU** lieblos denkst. Ganz gleich, welche Verkleidung sie dafür benützen, **es ist diejenige, die DU brauchst**, um DEINE bisherigen, wenig liebevollen Überzeugungen zu revidieren.

Mit ein bißchen Humor würde das stumme Zwiegespräch zwischen reinen, strahlenden Liebeswesen etwa so lauten: „Du hör mal, mir ist da ein dunkler Punkt in Deinem Bewußtsein aufgefallen. Darf ich Dir helfen, ihn ans Licht zu bringen?“ „Ja gerne, aber wie willst Du das anstellen? Mir ist nämlich garnicht bewußt, daß ich dort eine lieblose Überzeugung habe.“ „Vertraue mir und laß mich nur machen. Ich schlüpfe für Dich in eine Rolle, die Dir Deine lieblosen Gedanken ganz genau widerspiegelt, damit Du an mir siehst, woran Du bisher glaubtest. Ich liebe Dich so sehr, daß ich alles für Dich tue und sogar jenen widrigen Kerl darstelle, der sich fälschlicherweise in Deinem reinen Geist befindet. Bist Du damit einverstanden?“ „Ja, ich bin damit einverstanden. Danke für Deine Hilfe. Ich liebe Dich.“

Um das Spiegelgesetz als Schlüssel zum Glücklich-Sein zu begreifen, kommst Du nicht umhin, Dein Gegenüber MIT Liebe anzuschauen und sein Verhalten als Botschaft einer transpersonalen, übermenschlichen Liebe zu verstehen. Bitte denke immer daran, daß der Peiniger vor Deinen Augen in Wahrheit ein göttliches Wesen ist, das aus reiner Liebe zu Dir in jene Rolle geschlüpft ist, die **DU** in Deinem Geist hattest. Dein Gegenüber verkörpert DEIN Denken, DEINE Überzeugung und DEINEN Glauben. Wenn es da Bereiche gibt, wo zu wenig Liebe ist, mußt Du sie zuerst erkennen, um dort mehr Liebe hinfließen lassen zu können. Damit Du aber erkennen kannst, wo Du ohne Liebe denkst, mußt Du Deine mangelnde Liebe zu Dir selbst gespiegelt sehen, damit sie Dir bewußt wird. Und deshalb übernehmen bestimmte Menschen ganz bestimmte Rollen für Dich. AUS LIEBE ZU DIR halten sie Dir das Spiegelbild der dunklen Punkte in Deinem Bewußtsein vor Augen - damit DU eines Tages ein NEIN dazu vor Dir selbst aussprechen kannst und Deinen Wert als liebe-volles, göttliches Wesen annimmst.

Sei das Verhalten einer bestimmten Person auch noch so widrig oder quälend, spiegelt es dennoch eine Überzeugung von DIR, die sich irgendwann aufgrund eines bestimmten Erlebnisses in Deinem Geist eingenistet hat. Bitte vergiß nie, daß Dich Dein Gegenüber mehr und anders liebt, als Du Dir aus menschlicher Sicht vorstellen kannst und daß zwischen Euch beiden eine stille Übereinkunft besteht, die da lautet: „Ich liebe Dich - und deshalb will ich Dir helfen, Licht in jene Bereiche Deines Bewußtseins zu bringen, die Deinen wahren Wert als reines, göttliches Liebeswesen immer noch umschatten."

Wenn Du also lange genug von Deinem Gegenüber ein Verhalten gespiegelt sahst, das Dich weder froh, noch glücklich stimmt, darfst Du ... sollst Du sogar ... NEIN dazu sagen - weil Du ganz sicher sein kannst, daß auch hinter Deinem NEIN immer nur dieselbe Botschaft steht: „Ich liebe Dich und danke Dir, daß Du mir geholfen hast, eine lieblose Überzeugung aufzugeben und meinen wahren Wert zu spüren."

Das stumme Zwiegespräch zweier göttlicher Wesen würde dann etwa so lauten: „Puuuuhhh ... also was Du mir da gespiegelt hast! Ohne Dich wäre ich niemals draufgekommen, daß ich in diesem Punkt so lieblos denke." „Nun ja, ich mußte für Dich wirklich in eine scheußliche Rolle schlüpfen. Aber Du warst ja vorher damit einverstanden, daß ich Dir vor Augen halte, wovon Du überzeugt warst." „Ja das stimmt. Und ich danke Dir jetzt aus ganzem Herzen, daß Du meine Gedanken für mich verkörpert hast. Sie waren mir nicht bewußt. Doch an Deinem Verhalten konnte ich sie sehen." „Ist schon gut. Wir haben unsere gemeinsame Aufgabe jetzt gelöst, weil Du endlich den Mut hattest, NEIN zu mir zu sagen ... Mir sind schon beinahe die Ideen ausgegangen, was ich noch alles tun könnte, um Dir das NEIN zu erleichtern. Ich liebe Dich und freue mich so sehr mit Dir, daß Du es geschafft hast." „Und ich liebe Dich, mein guter Freund".

Damit Dir das NEIN-Sagen aus Liebe noch leichter fällt, will ich Dir ein Beispiel aus meiner eigenen Geschichte erzählen:

Ich war mehr als drei Jahre mit einem Mann zusammen, mit dem mich eine große Zuneigung, sehr viel Gefühl und gemeinsame Interessen verbanden. **Bewußt** war mir, daß ich ihn liebe und daß ich mein Leben mit ihm teilen will. Dennoch hielt er mir andere Spiegelbilder vor Augen ... und ich erkannte allmählich meine tiefsitzenden, **unbewußten** Überzeugungen zum Thema Partnerschaft und Liebe:

Er sagte mir nicht ein einziges Mal „Ich liebe Dich" ... Er machte mit mir gemeinsame Pläne, aber hielt sie nicht ein...

Wir besichtigten gemeinsam ein Wohnmobil für unsere kommenden Urlaubsfahrten, aber nicht ich, sondern eine andere Frau war auf der ersten Fahrt seine Begleiterin ...

Eines Morgens knapp vor Weihnachten, lud er mich für abends zu einer kleinen Feier ein. Als ich dann mit meinen Päckchen voll Freude vor ihm stand, hatte er darauf vergessen ...

Er suchte den Kontakt zu einer guten Freundin von mir, lud sie zum Essen und zum Tanzen ein, machte ihr eindeutige Anträge und schrieb ihr bewundernde Worte. Als ich ihn darauf ansprach, fand er das selbstverständlich ...

Diese Kette unangenehmer Spiegelbilder ließe sich noch fortführen, aber ich glaube, sie ist lange genug, um zu erkennen, welche unbewußte Überzeugung mir mein Freund da immer deutlicher gespiegelt hat, damit ich endlich NEIN dazu sage und die dahinterstehende Liebesbotschaft begreife. Ich will die oben genannten Situationen im Detail für dich entschlüsseln:

Wenn mir mein Partner niemals sagt, daß er mich liebt, dann habe ICH punkto Selbstliebe einen dunklen Punkt in meinem Denken: In irgendeinem Bereich meines Wesens liebe ich mich selbst zu wenig oder garnicht. In meinem Fall gab ich mir als Frau und Partnerin zu wenig Wert.

Wenn ich ein Gegenüber habe, das sein Versprechen nicht einhält, dann halte ICH ein Versprechen mir selbst gegenüber irgendwo nicht ein. In meinem Fall war es ein Versprechen, von dem ich zutiefst überzeugt bin: Ich bin auf der Welt, um froh und glücklich zu sein und daher lasse ich alles sein, was mich unglücklich stimmt. In meiner Beziehung zu diesem Mann habe ich dieses Versprechen mir selbst gegenüber oft und oft nicht eingehalten, weil ich mit Situationen einverstanden war, die mich immer wieder zum Weinen brachten.

Wenn mein Partner mit mir ein Auto aussucht, aber mit einer anderen Frau darin fährt, dann habe ICH diese Situation in meinem Bewußtsein. Es wurde mir also MEIN mangelndes Vertrauen in einen Mann gespiegelt und MEINE unbewußte Überzeugung, daß „Männer nicht treu sind.“

Wenn ich von meinem Freund zu einer Weihnachtsfeier eingeladen werde, er aber innerhalb von ein paar Stunden darauf vergißt, dann bin ICH es, die darauf vergißt, zu feiern, froh zu sein und sich des Lebens zu freuen. Mein Freund spiegelte mir, wo ich zu einseitig geworden war. Tatsächlich bestand mein damaliger Tagesrhythmus nur noch aus Terminen und Pflichten.

Wenn sich mein Partner meiner Freundin bewundernd zuwendet und das selbstverständlich findet, dann sagt mir dieses Spiegelbild, daß ICH mich einer anderen Frau zuwenden soll. Nämlich der Frau, die ich meinem Wesen nach wirklich bin.

Ich bin meinem Freund dankbar, daß er mein Lichtbringer war. Er hat AUS LIEBE ZU MIR seine Rolle perfekt gespielt, denn er hat FÜR MICH in etlichen Punkten das lieblose Bild eines Mannes dargestellt, das sich irgendwann in MEINEM Bewußtsein eingenistet hatte. Ich habe durch ihn MEINE lieblose Einstellung mir selbst gegenüber erkannt und meinen Wert als Frau durch ihn wiedergefunden.

Nichts anderes als Liebe
kannst Du irgend jemandem wirklich geben,
noch kannst Du wirklich irgend etwas anderes als Liebe
von jemandem empfangen.

(Aus: Ein Kurs in Wundern)

Zusammenfassung:

Hinter jedem unangenehmen Verhalten, das mir jemand spiegelt, steht immer nur dieselbe Botschaft:

„Ich liebe Dich. Und deshalb will ich Dein Lichtbringer sein."

Mein Gegenüber ist in Wahrheit ein reines, engelhaftes Wesen aus reiner Liebe - genauso wie ich.

Damit ICH immer mehr zu meiner wahren Identität als Vertreter von Gottes Liebe auf Erden finde, müssen die dunklen Punkte in meinem Geist ans Licht gebracht werden. Damit ICH erkenne, wo ICH negativ und somit selbstschädigend eingestellt bin.

Aus Liebe zu mir schlüpft ein Seelenfreund in jene widrige Rolle, die ICH in meinem Bewußtsein habe, ohne mir darüber bewußt zu sein - aus dem einzigen Grund, damit ICH SEHEN kann, wo Liebe zu mir selbst fehlt.

Gott hat mich mit seinem Geist ausgestattet, der in seiner Essenz nur Liebe ist. Und deshalb soll ich meine Geisteskraft nur im Sinne der Liebe nützen und Gedanken der Hochachtung und Wertschätzung für mich selbst und alles, was um mich ist, denken.

Wenn Du zuläßt,
daß Du nur das in Deinem Geist hast,
was Gott in ihn legte,
erkennst Du Deinen Geist so an,
wie Gott ihn schuf.

(Aus: Ein Kurs in Wundern)

Also sehe ich über das augenscheinliche Verhalten meines Gegenübers hinweg und widerstehe der Versuchung, es zu beurteilen oder zu analysieren. Ich sage mir: „Ich sehe da MEINE Gedanken in konkreter Form. Danke, liebster Freund, daß Du mir geholfen hast, eine unbewußte, negative Überzeugung von mir zu erkennen und eine neue, erfreuliche bewußt zu schaffen. Ich liebe Dich."

6. Du bist ich: Quick-Umsetzung

Wir haben festgestellt, daß sich in Deiner Nähe nur Personen befinden können, die DEINER geistigen Einstellung entsprechen und Dir somit Dein Denken, Deine Glaubenssätze und Deine Überzeugungen widerspiegeln. Es gibt daher weder „andere" noch Fremde. Es gibt immer nur Dich selbst. Erinnerst Du Dich, was im ersten Kapitel steht: Gott wurde zur Welt, damit er sich selbst sehen und erleben kann. Genauso ist es mit Dir. Damit DU Dich sehen und erleben kannst, schaffst Du Dir Lebensumstände, die DEINEM Denken und Glauben entsprechen und ziehst Menschen an, die Dir DEINE Überzeugungen spiegeln. Alles, was in Deinem Leben ist, bist DU - ist DEINE sichtbar gewordene Geisteshaltung. Wie könnte es dann noch sein, daß Du ein Gespräch mit den Worten beginnst: „Du bist so ... „? Bevor Dir das passiert, halte bitte inne und mach Dir klar, daß der andere kein anderer, sondern daß DU das bist. DU hast diesen anderen in Deinem Geist - und deshalb begegnest Du immer nur Dir selbst.

Du-Botschaften, die Du ohne viel zu überlegen aussprichst, eigenen sich besonders gut zur Quick-Umsetzung im Sinne des Spiegelgesetzes. Was Du Deinem Gegenüber zuschreibst oder unterstellst, was Dir an ihm auffällt und was Du an ihm verändern möchtest ... ist das, was Du an DIR nicht siehst. Ersetze das Wort DU durch das Wort ICH und Du erkennst sofort, was DIR bislang nicht bewußt war. Nachfolgend ein paar Beispiele von DU-Botschaften, die richtig formuliert mit „ICH" beginnen müßten, weil Du das, was Du einem „anderen" vermitteln willst, in Wahrheit Dir selbst sagst.

Du lebst in einer Traumwelt =
ICH lebe in irgendeinem Bereich meines Lebens in einer Traumwelt.

Du bist hart und kalt wie Stein =
ICH bin irgendwo in meinem Wesen hart und kalt wie ein Stein.

Du benimmst Dich ja wie ein kleines Kind =
ICH verhalte mich in bestimmten Situationen wie ein kleines Kind.

Du versucht ununterbrochen, mich zu manipulieren =
ICH versuche ununterbrochen, mich zu manipulieren. Wann und bei wem?

Du liebst mich nicht mehr =
ICH liebe mich nicht mehr. In einem bestimmten Bereich meines Lebens vergesse ich, mich zu lieben.

Kannst Du denn niemals vergessen, was früher war? =
Kann ICH denn niemals vergessen, was früher war? Gibt es da etwas, das ICH verzeihen und loslassen soll?

Es kann nicht oft genug betont werden, daß außen immer nur dasselbe sein kann, wie innen - in Deinem Bewußtsein. Viele Menschen sind der Meinung, daß sich durch Veränderung des Außen automatisch ihre Geistesverfassung ändert. Dem ist nicht so. Weil Dein schöpferisch-denkender Geist Ursprung des Geschehens ist. Es ist **immer der Geist**, der Tatsachen schafft - und nicht umgekehrt. Daher mußt Du anderen Geistes werden, wenn Du andere Tatsachen erleben willst. Ein Beispiel:

Seit etlichen Jahren hast Du ein unangenehmes Spiegelbild in Gestalt Deines Gartennachbarn vor der Nase. Er schimpft über den Löwenzahnsamen, der von Deinem Garten zu ihm hinüberfliegt. Er regt sich auf, wenn Du Gäste hast, die laut singen und lachen. Er macht andere Leute schlecht und verbreitet miesen Klatsch mit Wonne. Mit einem Wort vergeht kein Wochenende ohne Ärger.

Quick-Umsetzung ->
In DEINEM Bewußtsein muß sich irgendwo der Gedanke befinden, daß Nachbarn ungute Zeitgenossen sind und man am besten mit ihnen nichts zu tun hat. Es ist DEINE Überzeugung, die Dir in Gestalt Deines Nachbarn gespiegelt wird. Würdest Du Deinen Garten verkaufen und Dich woanders ansiedeln, ohne aber Deine Überzeugung zu ändern, daß man mit Nachbarn Ärger bekommt, hättest Du dieselbe Situation wieder mit dem neuen Nachbarn, obwohl der Ort des Geschehens ein anderer ist.

Das Spiegelgesetz wirkt immer von innen nach außen. Wenn DU Deine Glaubenssätze, Deine Überzeugungen und Dein Denken in Richtung Liebe veränderst, ändern sich Deine Lebensumstände und die Menschen in Deiner Nähe von selbst. Mit einem Wort genügt es, wenn **DU** ein würdiger Vertreter der Liebe bist - und alles rund um Dich wird Deine Liebe widerspiegeln.

Wenn Du anerkennst, daß die Person, die soeben jetzt Dein Gegenüber ist, in Wirklichkeit DICH spiegelt, hast Du noch einen unglaublich wirksamen Schlüssel zur Selbsterkenntnis in der Hand. Ich will versuchen, ihn Dir nahe zu bringen.

Bitte lies den nun folgenden Text langsam durch und schließe dann die Augen, um Dir das beschriebene Bild leichter vorstellen zu können.

Da sind zwei Wesen, die einander gegenüberstehen. Eines davon bist Du. Dein Geist ist so groß und so weit, daß er sich grenzenlos über Deine Gestalt hinaus ausdehnt und wie ein riesengroßer, schillernder Luftballon aussieht. Er umfaßt alles, was in Deiner unmittelbaren Umgebung ist und auch alles weiter entfernte, obwohl man das garnicht mehr sehen kann. In Deinem Geist ist alles enthalten, was existiert - selbstverständlich auch das Wesen, das soeben jetzt Dein Gegenüber ist. DU bist alles, weil ***DU*** *diese unendlich große Seifenblase voll lebendigen Inhalts bist! Also kann es garnicht anders sein, daß Du auch Dein Gegenüber bist. Bitte konzentriere Dich nur auf das Wesen, das sich genau jetzt in diesem Moment vor Dir befindet und mache Dir klar, daß DU das bist, den Du da siehst. Und gleichzeitig identifiziere DICH als die schillernde, unendlich große Seifenblase, die das Wesen vor Dir und alles rundherum mit einschließt ...*

Der Schlüssel, von dem ich vorher sprach, sind die von Deinem Gegenüber ausgesprochenen Worte, die Du sofort an Ort und Stelle für Dich umsetzen kannst. **Wenn es so ist, daß Du immer nur Dir selbst begegnest** - das oben beschriebene Bild möge Dir bei dieser Vorstellung behilflich gewesen sein - **dann müssen auch die Worte, die Dein Gegenüber ausspricht, Botschaften sein, die Du Dir in Wahrheit selbst vermittelst.**

Daß dies wahr ist, wurde mir als Erfahrung durch Gottes Gnade zuteil. Du kannst ganz sicher sein, daß Du immer nur zu Dir selbst sprichst, auch wenn die Worte nicht aus Deinem, sondern aus einem anderen menschlichen Mund kommen. Besonders aufschlußreich sind jene Sätze für Dich, die mit „Ich ....“ beginnen und von einer Dir nahestehenden Person in Deinem Beisein öfter wiederholt werden. DIESE SÄTZE als ZU DIR GEHÖRIG anzunehmen, beschert Dir augenblicklich und in Sekundenschnelle eine Erkenntnis über Dich - weil DU es ja SELBST bist, der da zu Dir spricht!

Ich erinnere mich noch gut, als ich zum ersten Mal diesen faszinierenden Schlüssel **bewußt** angewandt habe. Die Erkenntnis, die ich daraus über mich selbst gewonnen habe, hat mir monatelanges Kassetten-Hören für mein Lebensberater-Studium erspart. Ich will Dir die Geschichte erzählen:

Ich hatte soeben meine Ausbildung begonnen und wollte planmäßig dabei vorgehen. Jede Woche so und soviele Seiten meiner Skripten durchackern und eine bestimmte Anzahl von Kassetten hören, um dann mit einer schriftlichen Zusammenfassung das Wochenpensum abzuschließen. Während der ersten Wochen traf ich häufiger als sonst mit Josef und Marianne zusammen, das sind sehr liebe Freunde von mir. Während unserer Plauderstunden fiel mir ein Satz auf, den Josef ständig wiederholte. Ganz gleich, worüber wir uns unterhielten, irgendwann sagte er wieder diesen bestimmten Satz: „Das weiß ich ohnehin alles, ich brauche keine Bücher.“ Und plötzlich wurde mir klar, daß dieser Satz eine wichtige Botschaft für MICH ist. Nachdem mein Gegenüber ich selbst bin, sagte ICH mir durch Josef's Stimme, daß ich ohnehin alles weiß und keine Bücher brauche. Ich spürte augenblicklich, daß das wahr ist - und so änderte ich gleich am nächsten Tag meine Lernstrategie. Ich habe sämtliche Prüfungsarbeiten erfolgreich abgeschlossen, ohne vorher das Lernmaterial abzuhören - in dem Bewußtsein, daß ich ohnehin alles weiß und keine Bücher brauche ... Im Nachhinein hat es mir dennoch viel Freude bereitet, in meinen Unterlagen zu blättern oder von so mancher Kassette bestätigt zu bekommen, was ich in meinen Prüfungsarbeiten geschrieben hatte.

Du kannst diesen Wort-Schlüssel jederzeit für Dich anwenden. Bitte achte besonders auf Sätze von Menschen, die Du lieb hast und schätzt. Wenn eine solche Person in Deinem Beisein wiederholt dasselbe sagt, sodaß Dir das immer mehr auffällt, mache Dir bewußt, daß Du in diesem Moment Dir selbst gegenüberstehst und Dir somit selbst etwas Wichtiges vermittelst. Botschaften, die FÜR DICH sind, werden von Deinem Gegenüber immer in „Ich"-Sätzen formuliert. Hingegen betreffen die „Du, Er, Sie ..."-Sätze die Person selbst, die sie ausspricht. Ein Beispiel:

Du sitzt mit einem lieben Freund in einem Restaurant beim Abendessen. Euer Gespräch bewegt sich in allerlei Richtungen. Dennoch fällt Dir auf, daß Dein Freund schon zweimal denselben Satz gesagt hat: „Ich mache mich jetzt selbständig". Diese Botschaft ist FÜR DICH, weil Dein Freund im Augenblick des Gegenüberseins Du selbst bist. Es ist eine Botschaft aus DEINEM Bewußtsein, die das Wesen vor Dir FÜR DICH laut ausspricht, damit sie DIR bewußt wird. Also kannst Du Dich sofort fragen, in welchem Bereich Deines Lebens Du Dich jetzt selbständig machst. Das muß nicht derselbe sein, wie der Deines Freundes. Wenn Dein Freund auf beruflicher Ebene vorhat, sich selbständig zu machen, kann es bei Dir zum Beispiel das Selbständig-Werden im privaten Bereich sein. Vielleicht nabelst Du Dich von Deinen Eltern ab, oder trennst Dich von Deinem derzeitigen Partner.

Du sitzt ...... (Ausgangsposition dieselbe wie oben). Es fällt Dir auf, daß Dein Freund ständig über das Verhalten seiner Frau spricht: „Ilse weiß mit ihrer Freizeit überhaupt nichts anzufangen, sie ist ständig müde und langweilt sich". Diese Botschaft ist nicht für Dich, sondern für Deinen Freund. Denn er sollte sich fragen, in welchem Bereich seines Lebens ER ständig müde ist und sich langweilt. Würde Dein Freund zu Dir sagen: „Du wirkst in letzter Zeit so langweilig", wäre das ebenfalls ein Hinweis für IHN und nicht für Dich, weil er sein eigenes Langweilig-Sein in irgendeinem Bereich seines Lebens nach außen (in diesem Fall auf Dich) projiziert.

Das Spiegelgesetz läßt sich demnach auf verschiedene Ebenen übertragen, bleibt aber in seiner Aussage „Wie innen, so außen" überall gleich gültig. Ob Du Dich nun im Verhalten Deines Gegenübers erkennst ... an Deinen Lebensumständen Deine Glaubenssätze gespiegelt siehst ... oder die Worte Deines Gegenübers als die Deinen akzeptierst ... weil eben alles in Deinem Umfeld die sicht- hör- und spürbare Verwirklichung DEINES Geistes ist, bleibt Dir völlig frei überlassen. Je mehr Dir bewußt wird, daß Dein Geist ein Teil von Gottes Geist ist, desto mehr Liebe wirst Du mit Deinen Gedanken verbinden und je öfter Du tust, was Dein Herz sagt, desto mehr erfreuliche, glücklich-machende Spiegelbilder wirst Du sehen, hören und spüren. Wir haben festgestellt, daß Gottes Geist reine Liebe ist und deshalb bist Du in Wahrheit auch nur Liebe - auch wenn Du das manchmal vergißt.

Dein Geist ist das Mittel,
mit dem Du Deinen eigenen Zustand bestimmst.

Er ist die Macht,
wodurch Du trennst oder verbindest
und dementsprechend Schmerz oder Freude erfährst.

(Aus: Ein Kurs in Wundern)

Es ist Deine Aufgabe, Deine wahre Identität immer mehr hervortreten zu lassen, indem Du Dein Bewußtsein (= „Innen“) auf Liebe, Freude und Frieden richtest.

Zusammenfassung:

Die Titelzeile „Du bist Ich“ stimmt deshalb, weil ich nur mit Personen in Kontakt kommen kann, die in meinem Geist als Gedanke oder Idee vorhanden sind.

Ich bin nicht mein Körper oder mein Ego. Ich bin ein Teil von Gottes Geist. Ich bin der Geist, der das in meinem Leben Sichtbare erschafft. Daher bin ich auch jeder Mensch, der mein Gegenüber ist.

Wenn ich anerkenne, daß ICH es bin, den ich da sehe, höre und spüre, habe ich den Schlüssel zur Erkenntnis meiner selbst in der Hand. Denn dann sehe ich meine Überzeugungen gespiegelt und höre meine Gedanken, die mein Gegenüber an meiner Statt ausspricht.

„Ich“-Sätze, die eine geliebte Person in meinem Beisein sagt, sind wertvolle Hinweise, die ich mir selbst sage. Weil sie mir noch nicht bewußt sind, erfahre ich durch diese Wortbotschaft eine Wahrheit über mich selbst.

Das Spiegelgesetz wirkt auf sämtlichen Ebenen. Was ich sehe und erlebe, bin immer ich selbst. Daher kann ich die Erkenntnis „Du bist Ich“ auf der Verhaltensebene genauso anwenden, wie auf der Gefühlsebene oder der spirituellen Ebene.

Es steht mir frei, mein Verhalten an meinem Gegenüber gespiegelt zu sehen oder meine Gefühle an meinem Gegenüber wahrzunehmen. Es steht mir genauso frei, die Worte meines Gegenübers als die meinen anzuerkennen, weil es meine Gedanken sind, die ich da laut höre.

Mein Geist ist Teil von Gottes Geist, daher bin ich ein Teil von Gott und habe die Fähigkeit, Tatsachen zu schaffen. Jeder Mensch, mit dem ich in Berührung komme, war zuvor als Gedanke in meinem Geist und spiegelt daher einen Teil von mir.

7. So, wie Du Dich behandeln läßt, behandelst Du Dich selbst.

Ich will dieses Kapitel mit einem Beispiel aus meiner eigenen Geschichte beginnen. Knapp zwanzig Jahre alt, lernte ich einen Mann kennen, der sich augenscheinlich bei unserem ersten Rendez-Vous in mich verliebte. Er nannte mich sein „Krebsi", das er nach langer Suche endlich gefunden hatte. Ich war von seinem Werben um mich und seinen Koseworten so fasziniert, daß ich ziemlich rasch seinen Wunsch erfüllte: Er wollte sein Untermietzimmer aufgeben und bei mir wohnen. So kam es dann auch. Wir besiegelten unseren Bund mit Verlobungsringen und ich war voll glücklicher Erwartung, was da noch alles Schönes kommen würde. Aber ich wurde eines anderen belehrt, denn je länger mein Verlobter bei mir wohnte, umso weniger liebevoll behandelte er mich. Und ich ließ es geschehen - ahnungslos, warum mir das alles passierte.... Ich ließ mich behandeln wie eine Fremde. Denn trotz seines Versprechens, mich nach einer Auslandsreise vom Bahnhof abzuholen, war er nicht gekommen. Er schlief währenddessen seinen Rausch in meiner Wohnung aus. Ich ließ mich behandeln wie eine selbstlose Angestellte. Denn ich verbesserte die Klassenarbeiten seiner Schüler, während er mit Freunden die halbe Nacht unterwegs war. Ich ließ mich behandeln wie ein kostenloses Restaurant, das rund um die Uhr geöffnet ist. Oft standen Freunde meines Verlobten schon um 8 Uhr morgens vor der Tür, weil sie noch nicht gefrühstückt hatten. Ich ließ mich behandeln wie eine Schülerin, die ihrem Lehrer alle Macht überträgt und alles gutheißt, was ihm so einfällt. Denn obwohl ich für Symphonien nichts übrig hatte, hörte ich sie mir heimlich stundenlang an, um die Prüfung durch meinen Verlobten zu bestehen. Und die war so: Er setzte die Nadel irgendwo auf der Schallplatte auf und ich durfte etwa 20 Sekunden lang zuhören. Dann fragte er mich, welche Symphonie das war.... und ich bekam schreckliche Angst vor seiner Zensur.

Ich ließ mich damals so behandeln, weil ich blind mir selbst gegenüber war. Weil ich nicht wußte, daß ich im Außen erlebe, was meine inneren Überzeugungen sind und daß ich mich in Wahrheit selbst so behandle, wie ich mich von anderen Personen behandeln lasse.

Diese Geschichte in entschlüsselter Form sagt viel darüber aus, wie ICH damals mit mir selbst umgegangen bin, ohne es zu wissen. Keinesfalls so, wie sich ein Wesen aus reiner Liebe selbst behandeln würde! Denn die Spiegelungen im Außen, die ich mit diesem Mann erlebte, waren als dunkle Flecken IN MIR - in meinem Bewußtsein. Irgendwann hatten sie sich dort festgesetzt. Also konnte es nicht anders sein, daß ich sie als unangenehme Erfahrungen - wie folgt - bestätigt bekam:

1. Ich ließ mich behandeln, wie eine Fremde -

weil ich mir in Beziehung zu einem Mann selbst fremd war.

Liebloser Glaubenssatz: ->

In einer Partnerschaft geschieht das, was der Mann will und die Frau **muß** sich fügen.

2. Ich ließ mich behandeln, wie eine selbstlose Angestellte -

weil ich glaubte, daß eine Frau für ihren Mann in jeder Hinsicht „da“ sein muß.

Lieblose Überzeugung: ->

Ich muß jederzeit einspringen und Verantwortung für die Pflichten anderer übernehmen.

3. Ich ließ mich behandeln, wie ein kostenloses Restaurant, das rund um die Uhr geöffnet ist.
Lieblose Überzeugung: ->
Wenn ich Grenzen setze, werde ich nicht geliebt.

4. Ich ließ mich behandeln wie eine Schülerin, die Methoden akzeptiert, welche mich in Streß und Angst versetzen.
Liebloser Glaubenssatz: ->
Streß und Angst gehören zum Leben.

Die Quintessenz aus dieser Geschichte ist leicht zu erkennen:

Ich ließ mich lieblos behandeln, weil ich in vielen Punkten **mir selbst gegenüber lieblos war.**

Wenn Du also mehr Liebe in Dein Leben einladen und liebevolle Erfahrungen machen willst, dann darfst Du Dich von Deinem eigenen Spiegelbild nicht länger lieblos behandeln lassen. Würdest Du damit einverstanden sein, daß Deine Eltern, Kinder, Geschwister, Freunde, Dein Partner oder Dein Chef weiterhin respektlos mit Dir umgehen, dann gibst Du einem von diesen Personen gespiegelten, lieblosen Teil von Dir die Macht über Dein Befinden. Das bedeutet, daß DU - als göttliches Wesen der Liebe - zuläßt und gutheißt, unglücklich zu sein! Kannst Du Dir etwa vorstellen, daß Du dafür auf der Welt bist? Und wenn ja, wem glaubst Du, würde es helfen, wenn DU ein Vorbild an Unglücklich-Sein bleibst? Wenn es Dir schwer fällt, Dein Recht auf Lebensfreude, Liebe und Frohsinn wahrhaftig anzuerkennen, frage Dich, welchen Gewinn Dir Dein Unglücklich-Sein bisher brachte. Ich will Dir meinen Gewinn aus der obigen Geschichte erzählen.

1. Gewinn: Wenn ich mich von meinem Partner wie eine Fremde behandeln lasse, brauche ich mich selbst nicht kennenlernen. Ich kann passiv bleiben und brauche kein Risiko einzugehen. Lieber meine gewohnten Verhaltensweisen beibehalten, als eine neue Seite von mir zu entdecken.

2. Gewinn: Für andere jederzeit einzuspringen und Verantwortung für deren Aufgaben zu übernehmen, entfernt mich von *meinen* Aufgaben. Also kann ich weiterhin im vertrauten Dunkel tappen, was mich selbst betrifft.

3. Gewinn: Wenn ich mir nicht erlaube, natürliche Grenzen zu setzen, habe ich ein Verbot in mir, das bei Übertretung eine Bestrafung nach sich zieht. Ich darf weiterhin das kleine Kind bleiben, das sich nach den Anweisungen, Grenzen und Richtlinien anderer richtet, anstatt meine eigene Linie zu finden.

4. Gewinn: Den Glauben vieler Menschen zu teilen, daß Streß und Angst zum Leben dazugehören, gibt mir das Gefühl, ein Teil von einer Gemeinschaft zu sein. Es ist besser, miteinander unglücklich zu sein, als mich mit meinem Glauben an Liebe, Freude und Glück einsam und allein auf weiter Flur zu befinden.

Vielleicht mußt Du intensiver in Dich gehen und länger darüber nachdenken, welchen Gewinn DU daraus schöpfst, wenn Du Dich schlecht oder lieblos behandeln läßt. Aber es lohnt sich - weil Du dann erkennst, daß dies kein Gewinn ist, den Du wirklich willst. Es sei denn, Du findest es in Ordnung, daß Du als Wesen der Liebe nicht die Liebe erfährst, die Dir zusteht und die Du verdienst.

Du erkennst also an den menschlichen Spiegelbildern, mit denen Du tagtäglich zu tun hast, wie Du Dich selbst behandelst. Es kann nicht oft genug betont werden: Was im Außen ist, ist IN DIR. Wenn da jemand ist, der Dich grob anfaßt, dann gehst DU in irgendeinem Bereich Deines Lebens grob mit Dir um. Wenn Dich die Bedienung im Restaurant trotz Deines mehrmaligen Rufens übersieht, dann übersiehst DU Dich irgendwo in einem Lebensbereich und nimmst DICH nicht wichtig genug. Wenn Du Obst einkaufst und ständig ist eine faule Frucht dabei, dann nimmst Du x-beliebiges von x-beliebigen Personen an (Meinungen, üblen Klatsch, Glaubenssätze, Ratschläge ...), das Dir schadet. Wenn Du einen Freund hast, der generell zum Rendez-Vous zu spät kommt und Dich warten läßt, dann bist DU in einem bestimmten Punkt zu spät dran und läßt DICH warten, anstatt etwas zu tun.

Solange Dir das Außen Lieblosigkeit spiegelt, kannst Du sicher sein, daß DU Dich selbst in ganz bestimmten Punkten Deines Wesens lieblos behandelst. Und daher ist es Deine Aufgabe, jede Art von Lieblosigkeit freundlich, aber bestimmt zurückzuweisen und die Punkte herauszufinden, wo DU Dir selbst mehr Liebe, Beachtung und Wertschätzung schenken solltest.

Danke jedem Gegenüber, das Dich schlecht oder lieblos behandelt hat, denn es hat Dir bloß einen Spiegel vor Augen gehalten. Was Du da sahst, war Deine mangelnde Liebe zu Dir selbst. Ohne diesen Spiegel wäre es Dir nicht möglich gewesen, dies zu erkennen und in der Folge zu verändern. Und solltest Du wieder einmal in eine Situation geraten, wo

Dich jemand respektlos oder mies behandelt, dann blicke bitte diesem Teil von Dir geradewegs in die Augen und sprich diese oder ähnliche Worte: „Ich gebe Dir ab jetzt keinen Platz mehr in meinem Leben“. Bedanke Dich bei der Person für alles Gute und Schöne und auch dafür, daß sie Dir als Dein Spiegelbild geholfen hat, einen dunklen Punkt ans Licht zu bringen.

Zusammenfassung:

Wenn ich von anderen schlecht ... lieblos ... grob ... respektlos ... behandelt werde, bedeutet das, daß ICH mit MIR SELBST in bestimmten Punkten schlecht, lieblos, grob oder respektlos umgehe.

Doch bin ich ein Wesen der Liebe mit dem Geist Gottes in mir. Und daher ist es meine Aufgabe, mich von jeder Form von Lieblosigkeit zu distanzieren, indem ich ihr keinen Platz mehr in meinem Leben gebe.

Lasse ich mich weiterhin schlecht behandeln, bestätige ich damit, daß ich weiter unglücklich sein will und verleugne meine wahre Identität, welche von Gott ist.

Gott ist Liebe -
und daher bin ich es auch. (Aus: Ein Kurs in Wundern)

Jedes Gegenüber, das mir eine Form von Lieblosigkeit entgegenbringt, verkörpert einen Teil VON MIR, der noch ohne Liebe ist. Also bedanke ich mich bei jeder Person für die Gelegenheit, mich selbst im Spiegel zu sehen und die Lieblosigkeit zu mir selbst IN MIR zu finden.

8. So, wie Du mit anderen umgehst, gehst Du mit Dir selbst um.

Ich möchte wieder mit einer Geschichte aus meinem Leben beginnen. Als alleinerziehende Mutter fühlte ich mich oft überfordert, als mein Sohn zum jungen Mann heranwuchs und mir die Eskapaden eines Pubertierenden viele schlaflose Nächte bereiteten. Eine Szene sehe ich noch heute vor mir, doch kann ich mein damaliges Entgleisen nicht mehr ungeschehen machen. Mein Sohn war knapp 14 Jahre alt und sollte um 22 Uhr zu Hause sein. Tatsächlich ist er dann um ein Uhr morgens gekommen. Hinter mir lagen drei qualvolle Stunden, in denen mich entsetzliche Schuldgefühle geplagt hatten, weil ich glaubte, als Mutter versagt zu haben. Gleichzeitig sorgte ich mich um meinen Sohn, weil da auch Gedanken waren, es könnte ihm etwas passiert sein. Als er dann - Gott sei Dank - endlich vor mir stand, ließ ich ihn erst garnicht zu Wort kommen, sondern schlug mit einem Besen auf ihn ein ... anstatt ihn zu umarmen. Der Stiel brach auf seinem Rücken entzwei ... so wuchtig waren meine Schläge. Mein Sohn sagte kein einziges Wort, er blickte mich nur mit entsetzten Augen an, mühsam seine Tränen beherrschend. Dann zog er sich in sein Zimmer zurück, wo ich ihn noch lange weinen hörte. Ich fühlte mich scheußlich und mein Herz schmerzte so stark, daß auch ich noch lange wach liegen mußte. Ein klärendes Gespräch zwischen uns beiden war erst zwei Tage später möglich. Bevor wir uns in Ruhe mit Thomas' Unpünktlichkeit befassten, habe ich meinen Sohn für mein Verhalten um Verzeihung gebeten. Seine Antwort hat mich verblüfft: „Ist schon gut, Mama. Ich hab das schon längst vergessen."

Diese Szene sagt viel darüber aus, wie ICH damals mit mir selbst umgegangen bin. Denn wenn ICH einen Menschen, den ich so sehr liebe, derartig behandle, dann muß in meinem Geist eine dementsprechend lieblose Überzeugung beheimatet sein, die sich sowohl auf mich selbst auswirkt, wie auch auf die Menschen in meinem Umfeld. Woher sie stammt und durch wen sie in mein Bewußtsein kam, ist überhaupt nicht wichtig. Denn mein Verhalten ändert sich deswegen nicht, auch wenn ich schlußendlich herausgefunden habe, warum ich lieblos, streng, hart oder brutal mit Menschen umgehe: Weil ich selbst irgendwann in meiner Vergangenheit so behandelt worden bin. Erst, wenn ICH meine lieblose Einstellung zu mir selbst ein für alle Mal aufgebe, bin ich imstande, mit einer Szene wie oben, MIT LIEBE umzugehen.

Ich hatte also zu der Zeit die Überzeugung in mir, daß Härte und Bestrafung den gewünschten Erfolg bringen und aus meinem Sohn einen glücklichen, lebensfrohen Menschen machen ... Es war mir nicht bewußt, daß ich mir mit dieser Einstellung meinen eigenen (!) Spiegel vor Augen halte, in dem ich die Strenge, die ich mir selbst in allen möglichen Bereichen auferlegte, sehen sollte. Ich ging mit meinem Kind genauso um, wie ich mich selbst behandelte. Ich verlangte von ihm dasselbe, das ich mir zumutete ... denn ich wollte stets perfekt sein, immer gut aussehen, alles 100%ig machen ... Ich erlaubte mir weder Fehler zu machen, noch Schwachpunkte zu haben. Kam es dennoch dazu, fand ich mich abscheulich, unfähig oder dumm. Meistens bestrafte ich mich, indem ich mir mein Haar ganz kurz schnitt, obwohl mir das überhaupt nicht gefällt. Die Leichtigkeit des Seins war ein Fremdwort für mich, weil ich mir selbst strengste Disziplin auferlegte, die bei Nichteinhaltung eine Bestrafung nach sich zog. Erst viele Jahre später erkannte ich den Zusammenhang: *So, wie ICH mit Menschen umgehe, behandle ich mich in Wahrheit selbst.*

Wenn es in Deinem Leben nahestehende Personen gibt, mit denen DU lieblos umgehst ...

weil Du kein Verständnis für sie aufbringen kannst ...
weil Du kein Mitgefühl spürst ...
weil Du sie anschreist ... ausrichtest ... verurteilst ...
weil Du sie warten oder „anrennen" läßt ...
weil Du sie belügst oder manipulierst ...
oder weil Du sie schlägst ...

dann sei Dir bitte bewußt, daß Du genauso zu Dir selbst bist.

Dies bedeutet,

daß Du irgendwo in Deinem Leben kein Verständnis FÜR DICH aufbringst ...

daß Du in einem ganz bestimmten Punkt kein Gefühl FÜR DICH hast ...

daß DU Dich wegen irgendeines Fehlers verurteilst ...

daß DU innerlich gegen eine Wand rennst ...

daß DU Dich in einem bestimmten Punkt selbst belügst ...

daß DU Dich in irgendeinem Bereich Deines Wesens manipulierst, anstatt Dich zu lieben und daß DU Dir selbst unsichtbare Schläge zufügst, anstatt jeden Fehler als Chance zu sehen, es nächstes Mal besser zu machen.

Es kann sein, daß es Dir schwer fällt, Dein liebloses Umgehen mit anderen als Deinen lieblosen Umgang mit Dir selbst wahrzunehmen. Deshalb will ich noch einmal auf das Vorwort hinweisen:

„Es ist wahr, daß alles in meinem Umfeld immer nur mich selbst zeigt. Daher brauche ich mich nur umzusehen, um mich selbst zu erkennen. Es gibt keine „anderen“. Der andere bin immer ich selbst, weil es mich als ICH in Wahrheit garnicht gibt.“

Ich bitte Dich, diese Worte in Dich aufzunehmen, damit Dir bewußt werden kann, wie DU - als reines Wesen der Liebe, mit dem Geist Gottes in Dir - mit anderen und somit auch mit Dir selbst umgehst. Bei allem weniger Schönen, das Dir so einfällt, stell Dir bitte die folgende Frage: *„Wie würde sich wohl ein Wesen, das nichts anderes als Liebe kennt, in dieser Situation verhalten? Was würde es an meiner Stelle tun?“* Wenn Du die Antwort gefunden hast, dann weißt Du, was DU tun sollst. Wenn Du Dich innerlich darauf einstellst, daß Du Dir immer nur selbst begegnest, wird das ganz leicht für Dich sein. Sei Dir bewußt, daß Du mit DIR und Deiner Liebe zu Dir selbst jedesmal ein großes Stück weiterkommst, so oft Du Dein Gegenüber MIT Liebe behandelst.

An dieser Stelle erscheint es mir wichtig, auf die Vergangenheit hinzuweisen. Sämtliche lieblosen Verhaltensweisen, die Du hast, sind Manifestationen von lieblosen Überzeugungen, die sich aufgrund von früheren Erlebnissen in Deinem Geist festgesetzt haben. Bitte mache Dir bewußt, daß diese Erlebnisse vorbei sind. Sie gehören zu Deiner Vergangenheit, die es nicht mehr gibt. Was davon noch da ist, sind lediglich ein paar negative Glaubenssätze in Deinem Denken, die DU noch nicht aufgegeben hast. Und doch bist Du der einzige, der dazu imstande ist. Niemand sonst kann das für Dich tun. Schreibe Deine negativen Gedankenmuster auf, damit sie Dir klarer werden und lasse sie dann ein für alle Mal dort, wo sie hingehören: In Deine Vergangenheit.

Würdest Du Deine lieblosen Überzeugungen von früher beibehalten, wäre das ein geistiger Schöpfungsakt mit dementsprechend lieblosen Folgen für DICH, weil Du damit bekundest, daß sich die Erlebnisse Deiner Vergangenheit wiederholen sollen. Ein Beispiel:

Du wurdest von Deinem Vater für jeden Fehler, den Du gemacht hast, streng bestraft. Aufgrund dieses lieblosen Verhaltens hat sich in Deinem Geist die Überzeugung festgesetzt: „Liebe ist, bestraft zu werden. Strafe gehört dazu ...“ oder ähnl. Jetzt, als Erwachsener, denkst Du immer noch so - obwohl die Erlebnisse mit Deinem Vater längst vorbei sind. Deine Überzeugung, daß Strafe zur Liebe dazugehört, ist ein geistiger Schöpfungsakt, der konkrete Folgen zeigt: Du bestrafst Deine Kinder, wenn sie einen Fehler machen - und Du bestrafst auch Dich, wenn DU mal einen Schwachpunkt hast. Solange Du Deine Überzeugung nicht aufgibst, daß „Bestrafen“ ein Ausdruck von Liebe sein soll, lebst Du immer noch in Deiner Vergangenheit - anstatt Dich am Haarschopf zu nehmen und DICH zu fragen, wie sich Menschen verhalten, die im Kern nur liebevolle und aufrichtige Wesen sind und niemandem etwas Böses wollen. Der Glaubenssatz: „Liebe ist, bestraft zu werden“ gehört in Deine Vergangenheit - denn es ist wahrhaftig kein Ausdruck von Liebe, jemanden für Blindheit, Tollpatschigkeit oder Unwissenheit zu bestrafen, anstatt Verständnis und Mitgefühl zu zeigen. Um dieses zu entwickeln, müßtest Du zuvor Deine alte Überzeugung aufgeben und eine neue wenigstens für möglich halten. Zum Beispiel: „Liebe ist sanft und sieht keine Fehler“ oder „Liebe ist Verständnis und Mitgefühl“.

Zusammenfassung:

So, wie ich mit anderen Menschen umgehe, gehe ich mit mir selbst um. Das bedeutet, daß ich das Spiegelbild meines Umgangs mit mir selbst täglich vor Augen habe.

Die aussagekräftigsten Spiegelbilder sind die mir nahestehenden Menschen: Eltern, Kinder, Partner, Freunde, Verwandte, Kollegen. So, wie ICH sie behandle, behandle ich mich in irgendeinem Bereich meines Wesens selbst.

Wenn es in meiner Nähe Personen gibt, zu denen ICH roh, kalt, hart, grob, gefühllos, verständnislos usw. bin, kann ich sicher sein, in einem ganz bestimmten Punkt mit mir selbst auf solch lieblose Weise umzugehen.

Lieblose Verhaltensweisen sind der konkrete Ausdruck von lieblosen Überzeugungen in meinem Geist, die sich dort aufgrund früherer Erlebnisse festgesetzt haben.

Doch diese Erlebnisse sind vorbei. Sie gehören der Vergangenheit an. Also gehören auch meine selbstschädigenden Überzeugungen, die aufgrund dieser Erlebnisse in mir entstanden sind, nicht mehr in mein jetziges Leben.

Würde ich sie dennoch bewahren, indem ich zum Beispiel die alten Geschichten immer wieder erzähle und an meinem Groll festhalte, wäre das ein geistiger Schöpfungsakt mit dementsprechenden Folgen für mich, denn ähnliche, unangenehme Erlebnisse würden sich aufs Neue verwirklichen.

9. Die dritte Herausforderung: „Was brauchst Du von mir?“

Damit Du diese Frage richtig verstehst, will ich sie anders formulieren: „Was brauche ich von mir selbst?“ Bitte denke immer daran, daß es in Wahrheit keine anderen gibt und Du Dir immer nur selbst begegnest. Wenn da jemand ist, der sich ausgerechnet von Dir wünscht, daß Du ihn jeden Tag anrufst, dann bist DU das, der um ein tägliches Zwiegespräch mit Dir selbst fleht. Wenn Du eine Freundin hast, die Dich heiraten will, dann ist es DEIN Wunsch, den sie ausspricht. Wenn Dich Dein Gegenüber um etwas bittet, ganz gleich, was das ist, so ist es DEINE Bitte, die Du hörst ... Was immer ein anderer von Dir braucht, ist in Wahrheit das, was DU brauchst - auch wenn Dir das keineswegs bewußt ist.

Um Dir das Verständnis dafür zu erleichtern, will ich das Spiegelgesetz noch einmal formulieren:

*Alles, was **DU** in Deinem Bewußtsein hast,*
siehst, hörst und erlebst Du im Außen.
Es wird konkret und nimmt eine Form an,
damit DU Dich selbst in Deiner Ganzheit wahrnehmen kannst.

Erinnerst Du Dich? Gott erschuf nicht die Welt, sondern wurde zur Welt. Dein Geist ist ein Teil von Gottes Geist. Daher hast Du dieselbe Fähigkeit zur Manifestation, wie Gott sie hat. Deine seelisch-geistige Haltung wird exakt zum Dir entsprechenden Umfeld und die Menschen, denen Du begegnest, spiegeln Dir Deine Gefühle und sprechen Deine Gedanken aus. Wäre es dann richtig, Dein Gegenüber als eine

„andere Person“ oder als Fremden zu bezeichnen? Wenn DU es doch bist, der sich da verwirklicht zeigt und DU somit Dein Denken und den Entwicklungsstand DEINER Seele sehen kannst? Wenn also jemand auf Dich zukommt, der etwas Bestimmtes braucht, dann bist DU es, der das braucht - denn es ist ein Bedürfnis DEINER Seele, das in Form dieser Person auf sich aufmerksam macht.

In diesem Kapitel geht es demnach um Wünsche und Bedürfnisse, die sich in DEINEM Bewußtsein befinden und die Dein Gegenüber für Dich äußert. Es ist immer eine Stimme aus DIR, die Du da hörst ... und deshalb ist es so wichtig, daß Du ihr Deine liebevolle Aufmerksamkeit schenkst. Aber nicht nur das. Es ist Deine Verpflichtung Dir selbst gegenüber, dem scheinbar „anderen“ zu geben, was er so dringend braucht. Denn würdest Du seine Bitte zurückweisen, dann verweigerst Du Dir selbst Befriedigung in genau diesem Punkt - weil DU es ja bist, der dieses Bedürfnis hat. Ein Beispiel:

Du kennst Deine Freundin seit mehreren Jahren. Du magst sie sehr, sie gefällt Dir und Du schätzt ihre liebevollen Eigenschaften. Dennoch bestehst Du weiterhin auf zwei getrennten Domizilen und willst nicht mit ihr zusammenleben. Doch immer wieder äußert Deine Freundin ihr Bedürfnis nach mehr Nähe und täglichem Beisammensein. Jetzt hast Du die Chance, in DEINEN Spiegel zu blicken. Es ist ein Bedürfnis von DIR, das da eine Form annimmt. Es ist DEINE Sehnsucht nach mehr Nähe, von der sie spricht! Und deshalb könntest DU Dich fragen, in welchem Bereich Deines Wesens DU DIR noch nicht nahe genug bist.

Es kann nicht oft genug betont werden, daß nur das, was sich in DEINER seelisch-geistigen Einstellung befindet, in Deinem Leben zeigen kann. Also werden auch DEINE

Bedürfnisse im Spiegel Deines Gegenübers konkret. Wann immer Du mit Bedürfnissen anderer konfrontiert wirst, sei Dir bitte im Klaren, daß DU es bist, der exakt dieses Bedürfnis hat und daß es ein Zeichen von Liebe zu Dir selbst ist, wenn Du dem „anderen“ gibst, was er so dringend braucht. Die dritte Herausforderung, Dich selbst in einem glücklichen Spiegelbild zu sehen, besteht demnach nicht nur in der Frage: „Was brauchst Du von mir?“ sondern im Geben.

Um Dir das Geben leicht zu machen, will ich Dich nochmal daran erinnern, wer Du bist. Du bist nicht das Bedürfnis, das Du in Deinem Gegenüber gespiegelt siehst. Du bist derjenige, der die Macht hat, jedes Bedürfnis zu stillen. Du bist das Wesen, dem alles innewohnt, was von außen auf Dich zukommt. Du bist weder Dein ICH, noch bist Du Dein Wunsch. Du bist derjenige, der fähig dazu ist, jedes Manko an Liebe zu Dir selbst, das Dir in Form einer anderen Person erscheint, durch Geben aufzufüllen. Erst dann, wenn Du gibst, hast Du das, was DU brauchst.

Geben und Empfangen sind eins.

(Aus: Ein Kurs in Wundern)

Um diese Erkenntnis in seiner Tragweite wirklich zu begreifen, kommst Du nicht umhin, Deine Identifikation nochmals ins Licht zu rücken: DU bist die große Kugel, die alle kleineren enthält. DU bist derjenige, dessen Geist die Fähigkeit hat, Tatsachen zu manifestieren, so wie Gott sie hat. DU bist ein Vertreter Gottes auf Erden, der in seiner Essenz nur Liebe ist. Je mehr Du alles liebst, was in Deinem Leben ist, desto mehr liebst Du Dich selbst - weil Du ja immer nur DEINEN verwirklichten Geisteszustand vor Dir hast und

Dich somit immer nur selbst siehst. DU bist derjenige, der für die Erfüllung seelischer Bedürfnisse zuständig ist. Daher ist es Deine Aufgabe, allen Teilen VON DIR zu geben, worum sie bitten und was sie so dringend brauchen. DU bist das Wesen, das eine unerschöpfliche Quelle der Liebe verkörpert - einer Liebe, die von Gott stammt und aus der Du entstanden bist. Je mehr Du davon verströmst, desto mehr Liebe fließt in Dich. Je mehr Du gibst, desto mehr empfängst Du, weil Liebe etwas ist, das sich durch Geben vermehrt.

Wenn es Dir passiert, daß Du beim Geben einen Widerstand in Dir spürst, dann deshalb, weil Du im Übermaß mit Deinen eigenen Problemen beschäftigt bist. Anstatt Deine wahren Bedürfnisse an Deinem Gegenüber zu erkennen und zu erfüllen, haftest Du in der Problematik Deiner Vergangenheit oder versuchst, sie aufzuarbeiten. Das bewirkt, daß Deine ungeteilte Aufmerksamkeit vom gegenwärtigen Augenblick abgezogen wird und es Dir daher unmöglich ist, Deine derzeitigen Bedürfnisse wahrzunehmen, die Dir Dein jetziges Gegenüber klar und deutlich zeigt. Ein Beispiel:

Du hast einen lieben Freund, der auf Deine Ideen, was ihr zusammen unternehmen könntet, immer so reagiert: „Ich weiß noch nicht genau, ich melde mich noch." In letzter Minute erfährst Du dann sein zögerndes „Ja, wenn Du meinst" oder sein zögerndes „Nein, es ist vielleicht besser, wenn wir das nicht machen". Dein Freund signalisiert damit deutlich seine innere Unsicherheit und gleichzeitig sein Bedürfnis nach Klarheit. Achtung: Es ist eine Stimme aus DIR, die da spricht. Es ist DEINE Unsicherheit und DEIN Bedürfnis nach Klarheit, das Du da bemerkst und daher wäre es Deine Aufgabe als Wesen der Liebe, Deinem Freund klaren Wein einzuschenken.

Bist Du jedoch ständig mit Deinen unschönen Erlebnissen aus längst vergangener Zeit beschäftigt, ist es logisch, daß Dein Klarblick für Dein jetziges Bedürfnis - gespiegelt durch Dein jetziges Gegenüber - verlorengeht. Auch wenn Du es Dir noch so erhoffst oder herbeisehnst: Was Du in Deiner Kindheit entbehren mußtest, kann nicht mehr aufgefüllt werden. Bitte erwarte das nicht von Deinem Partner oder Deiner besten Freundin! Freue Dich, wenn Dir jemand freiwillig und von selbst seine Zuneigung schenkt ... jetzt, im gegenwärtigen Augenblick. Ansonsten finde ich es bereichender, wenn wir uns aufs Geben konzentrieren. Denn das, was Dein Gegenüber braucht, ist in Wahrheit das, was DU jetzt brauchst. Jedesmal, wenn Du die Bitte eines anderen erfüllst, hast Du einer Bitte DEINER Seele zugehört und Dir somit selbst ein Bedürfnis gestillt, das in Dir lebte. Noch ein Beispiel:

Als Frischverliebter möchtest Du am liebsten rund um die Uhr mit Deiner Angebeteten zusammensein. Drei Monate lang gelingt es Dir, Dein Bedürfnis nach Einheit, Zärtlichkeit, menschlicher Wärme und Nähe zu stillen, denn Deine Liebste empfindet auch so und macht mit. Eines Morgens jedoch sagt sie für Dich völlig überraschend: „Ich brauche ein paar Tage für mich allein." Bevor Du nun in Panik gerätst oder in ein abgrundtiefes, emotionales Loch fällst, mache Dir bewußt, wer Du bist: DU bist derjenige, der diesen Gedanken im Bewußtsein hat - sonst wäre es nicht möglich, daß er in Deiner Gegenwart ausgesprochen wird. Also bist DU es, der das Bedürfnis hat, sich für eine Weile in die Stille zurückzuziehen. Wenn Du Dir sogleich bewußt machst, daß es ja auch DEIN Bedürfnis ist, wird es Dir ganz leicht fallen, Deiner Freundin die Zeit zu geben, die sie braucht und ihrer Bitte Gehör schenken. Du wirst kein Verlangen mehr spüren, ihre Einsamkeitsphase zu unterbrechen, indem Du sie zum Beispiel dreimal pro Tag anrufst und auf Dich aufmerksam machst.

Bitte probiere es aus und Du wirst nachempfinden, wovon ich hier spreche. Dein Geben aus der tiefen Einsicht heraus, daß Du immer nur Dir selbst begegnen kannst, wird Dein Herz erwärmen für all die ungestillten Bedürfnisse, die noch in Dir lebendig sind. Du brauchst nicht nachzudenken, welche das sind - weil Du sie im Spiegel der Menschen siehst, die Dir nahestehen. Kümmere Dich nicht darum, wie DEINE Bedürfnisse befriedigt werden könnten und höre damit auf, Dich darauf zu konzentrieren, daß Dir irgendetwas fehlt. DU bist derjenige, der imstande ist, jedes Manko an Liebe aufzufüllen. Warte nicht, bis Dir ein anderer gibt, was Du glaubst, so dringend zu brauchen - sondern gib DU dem anderen, worum er Dich bittet.

Jede Bitte eines Bruders
ist die Deine.

(Aus: Ein Kurs in Wundern)

Was DU in Geist und Seele hast, spiegelt sich im Außen. Dein Gegenüber spricht also DEIN Bedürfnis aus. Wenn Du ihm gibst, was es braucht, dann handelst Du, wie Gott das in seiner Liebe zu sich selbst tun würde. Gott wurde zur Welt - daher ist alles, was darin vorkommt, ein Spiegel seiner selbst. Würde Gott irgendeinem Teil in seiner selbst erschaffenen Welt seine Liebe verweigern, indem er zurückweist, worum man ihn bittet, dann würde er sich ja selbst ablehnen.

Ich erwähnte es schon, daß ich das Wort Gott am liebsten durch das Wort „Liebe“ ersetze. Gott ist Liebe. Und wo Liebe ist, kann nicht zugleich Ablehnung sein. Gott hat Dir dieselben Fähigkeiten gegeben, wie sich selbst. Daher ist alles, was in Deinem Leben vorkommt, ein Spiegel Deiner selbst. Würdest Du irgend jemandem Deine Liebe verweigern, indem Du seine Bitte zurückweist, dann würdest Du Dich selbst genau in diesem Punkt ablehnen. Dein Geben bewirkt, daß DU vollständiger wirst - weil jedes Manko an Liebe, das Dir an Deinem Gegenüber auffällt, ein Manko IN DIR ist. Füllst Du es, indem Du Dich Deinem bedürftigen Spiegelbild zuwendest und Herzenswärme, Mitgefühl und Verständnis verströmst, wirst DU Dich plötzlich viel mehr geliebt fühlen. Dieses Wunder stellt sich ein, weil Dein Geben die Trennung zwischen ICH und DU aufhebt. Der andere BIST Du und daher macht alles, was Du ihm freien Herzens gibst, in Wahrheit DICH vollständig.

Zusammenfassung:

Was ein anderer von mir braucht, ist in Wahrheit das, was ICH brauche.

Weil nur das in meinem Leben in Erscheinung treten kann, was ich in meinem Bewußtsein habe. Mein Gegenüber spiegelt mir daher MEIN Bedürfnis, auch wenn mir das im Augenblick garnicht bewußt ist.

Es ist meine Aufgabe, allen Teilen von mir zu geben, was sie brauchen. Meine ungestillten Bedürfnisse erscheinen als Spiegelbilder in Form bestimmter Menschen in meinem Leben, die mich um etwas bitten.

Wenn ich dem anderen gebe, was er braucht, erfülle ich ein Bedürfnis MEINER Seele.

Ich habe dieselben Fähigkeiten, wie Gott sie hat. Daher bin ich imstande, jedes Manko an Liebe aufzufüllen, das ich an meinem Spiegelbild wahrnehme.

Würde ich die Bitte meines Gegenübers zurückweisen, wäre das ein Beweis mangelnder Liebe zu mir selbst - weil jeder Mensch in meinem Leben immer nur mich selbst spiegelt. Jedes Bedürfnis, das eine geliebte Person in meiner Anwesenheit äußert, ist daher das MEINE.

Mein Geben bewirkt, daß ICH habe, was ich brauche. Denn Geben und Empfangen sind eins.

10. Das „Kleine-Ich-Denken“ und der heile Geist

Ich sagte schon, daß die Ereignisse in Deinem Leben immer nur den aktuellen Zustand Deines Bewußtseins widerspiegeln, so wie auch die Bedürfnisse Deiner Seele im Spiegel der Menschen sichtbar werden, von denen Du umgeben bist. Das Spürbare und das Sichtbare vor Deinen Augen bestätigt Deine unmittelbare Anwesenheit. Sämtliche Tatsachen in Deinem Leben sind bloß Spiegelbilder Deiner Gedanken, die sich als erfreuliche Ereignisse verwirklicht zeigen oder als Situationen, die Dir unbehaglich sind. Ganz gleich, in welchen Spiegel Du blickst - Du siehst immer nur das Abbild DEINER seelischen Verfassung und die Verwirklichung DEINER Geisteshaltung.

Beim Umsetzen des Spiegelgesetzes in Deinem Alltag geht es nicht darum, die Spiegelbilder als „gut“ oder „schlecht“ zu beurteilen. Es geht auch nicht darum, Kritik daran zu üben oder Schuldgefühle zu entwickeln - sondern einzig und allein um eine schlichte Feststellung, während Du offenen Herzens um Dich blickst: „Aha, so fühle ICH mich, davon bin ICH überzeugt und so denke ICH.“ **Im Laufe der vorigen Kapitel wurde es schon mehrmals betont und kann dennoch nicht oft genug wiederholt werden: Du siehst DICH in allem, was um Dich herum ist, gespiegelt - doch gleichzeitig bist Du derjenige, der die Wahl hat und darüber entscheidet, was Du in Hinkunft sehen, hören und erleben willst.**

In Deinem Geist gibt es zwei Arten,
die Welt anzusehen

und Deine Wahrnehmung wird die Führung spiegeln, für die Du Dich entschieden hast.

(Aus: Ein Kurs in Wundern)

Du kannst Dich von Deinem „kleinen Ich“ führen lassen oder Dich dem heiligen Geist zuwenden. Beides ist in Dir vorhanden und DU allein triffst die Wahl, wessen Eingebungen Du vertrauen willst. Mit anderen Worten kommt es darauf an, ob Du Deinem Ich das Denken (Beurteilen ... Analysieren ... Recht haben ... Beschuldigen ...) überläßt, oder ob Du Deine Gedanken mit Liebe verbindest. Dementsprechend wird Deine Wahrnehmung sein. Ein einfaches Beispiel:

Deine Freundin erzählt Dir folgende Geschichte: Du, ich habe gestern Deinen Mann gesehen. Er hat mitten auf der Straße eine fremde Frau umarmt und dann sind die beiden Hand in Hand weitergegangen.

Jetzt hast Du die Wahl, zu denken, was Du willst. Läßt Du Dich von Deinem mißtrauischen, kleinen Ich verleiten, würden Deine Gedanken etwa so klingen: „Er betrügt mich. Wahrscheinlich kennt er diese Frau schon länger. Was hat sie, was ich nicht habe? Ich bin ja nie seine Traumfrau gewesen.“ Wenn Du so denkst, siehst Du **als Folge Deiner Gedanken** in Deinem Mann einen Lügner und Betrüger und fühlst Dich Deines Wertes beraubt. Denkst Du hingegen mit dem heilen Teil Deines Geistes, würde sich das etwa so anhören: „Georg hat eine Frau getroffen, die er offensichtlich gut kennt und die er sehr gerne mag. Bestimmt hatten sie sich viel zu erzählen.“ Wenn Du so denkst, bleibst Du Dir Deines wahren Wertes bewußt. Denn dann denkst Du so, wie das ein vollkommen liebevolles, reines Wesen tut. Es kennt keine bösen Gedanken. Auch die Geschichte bleibt, was sie ist: Eine Begebenheit im Leben Deines Mannes.

Es gibt also ZWEI Möglichkeiten, die schöpferische Kraft des Geistes zu verwenden: Um Gedanken zu denken, die unser kleines Ich bestätigen oder für Gedanken, die den Heiligen (= heil, gesund) Geist ausdrücken. Wenn wir davon ausgehen, daß es eine heile und gesunde Art zu denken gibt, die Du auch GÖTTLICHES DENKEN oder DENKEN MIT LIEBE nennen kannst, dann muß aufgrund des Polaritätsgesetzes auch ein Gegenstück dazu existieren: Eine Art „Nicht-heiles-Denken". Jedesmal, wenn Du Deinem kleinen Ego die Verantwortung für Dein Denken überträgst, kannst Du sicher sein, daß Du vergessen hast, wer Du wirklich bist. Dann denkst Du mit dem un-heilen Teil Deines Geistes und nimmst als Folge dessen irgend ein Unheil vor Deinen Augen wahr - wie das obige Beispiel verdeutlichen soll. Unheile Gedanken stammen jedoch nicht von Dir, sondern kommen aus Deinem kleinen, ängstlichen Ich, das sich am liebsten an negativen Erfahrungen orientiert. Ich erwähnte schon, daß es in Wahrheit keine Vergangenheit gibt. Sie ist nur dann für Dich vorhanden, wenn **DU** sie in den gegenwärtigen Augenblick holst, indem Du zum Beispiel immer wieder häßliche Geschichten von früher erzählst. Und nur deshalb kommt es Dir so vor, als wäre jetzt derselbe Unhold vor Deinen Augen, dem Du früher mal begegnet bist. Was damals geschehen ist, ist ein für alle Mal vorbei. Du kannst es weder ungeschehen machen, noch mußt Du Deine Vergangenheit aufarbeiten. Wenn Du es trotzdem versuchst, wird Dich niemand davon abhalten, aber das Ergebnis Deiner Bemühungen ist dennoch ein Zustand, der Dich in Deiner

Vergangenheit festhält - weil DU Dich eben dorthin konzentrierst. Wie könnte es dann sein, daß Du das Positive und Wunderbare des jetzigen Augenblicks wahrnimmst? Bitte erinnere Dich: Du siehst, hörst und erlebst immer nur DEINE geistige Welt.

Wenn Dein kleines Ego Angst bekommt, veranlaßt es Dich zu einem Trugschluß. Es will Dich davon überzeugen, daß es recht hat. Es will Dir weismachen, daß die Ereignisse in Deinem jetzigen Leben seiner Kontrolle unterstehen. Dein kleines, ängstliches Ich liebt es, Dich ständig an Deine wenig liebevolle Vergangenheit zu erinnern, damit Du sie ja nicht vergißt und womöglich den Menschen vergibst, die für Dich ihre Rolle perfekt gespielt haben. Ganz gleich, ob Du still unter Deiner Vergangenheit leidest oder ob Du sie herausschreist, bleibt es dennoch ein Festhalten daran, das Dir den Zugang zum heilen Geist in Dir verwehrt. Bitte erinnere Dich: Du bist nicht Dein kleines Ich. Du bist derjenige, der sein kleines Ich mit Gott verschmelzen lassen kann, indem Du die Spiegelbilder vor Deinen Augen MIT LIEBE ansiehst und liebevolle Gedanken denkst.

Es läßt sich ganz leicht feststellen, ob Du Dich mit Deinem Ego oder mit Gott verbindest: Immer, wenn Du Dich im Stich gelassen fühlst, wenn Du Dir wertlos vorkommst, wenn Du verzweifelt bist, denkst Du nicht als derjenige, der Du in Wahrheit bist. In solchen Momenten fühlst Du Dich im wahrsten Sinne des Wortes „von Gott verlassen“ ... und vergißt in Deinem Kummer, daß DU es bist, der sich von Gott entfernt hat. Bitte erinnere Dich: Du bist, wie Gott Dich schuf und er schuf ein Wesen der Liebe nach seinem Ebenbild. Wenn Du jedoch Deinem kleinen Ego erlaubst, düstere Gedanken zu produzieren, kommt es Dir so vor, als würde es auf der ganzen Welt niemanden geben, der Dich liebt

... Ich würde sagen, daß das für diesen Moment sogar stimmt: Denn die Welt, die Dich umgibt, BIST ja Du. Du erlebst dann tatsächlich die Folgen Deines unheilen Denkens, die sich in allerlei Tatsachen manifestieren.

Alles, was Du wahrnimmst,
ist Zeuge für das Denksystem,
das Du wahrhaben willst.

(Aus: Ein Kurs in Wundern)

Du kannst etwas tun, um den Unterschied zwischen Deinem kleinen Ego und Dir selbst immer besser zu spüren. Achte auf die Worte, die Du im Moment Deiner Ängste aussprichst. Es klingt ganz anders, wenn Du sagst: „Mein kleines Ich fühlt sich jetzt allein ... mein Ego ist verletzt ... mein Ego kommt sich wertlos vor ... mein Ego kann nicht verzeihen ..." anstelle von: „Ich fühle mich jetzt allein ... ich bin verletzt ... ich komme mir wertlos vor ... ich kann nicht verzeihen ..." Wenn Du beim Denken und Sprechen übst, zwischen Deinem kleinen Ich und Dir selbst, als Gottes Ebenbild zu unterscheiden, bleibst Du der, der Du wirklich bist und akzeptierst dennoch die Anwesenheit Deines kleinen Ich samt all seinen Ängsten und Bedenken. Den Ausdruck „Kleines Ich" finde ich deshalb so passend, weil es uns ständig kleiner machen will, als wir in Wahrheit sind. Denn unser großes, wahres Ich ist identisch mit Gott und zeichnet sich durch wahre Größe aus. Wenn Du zum Beispiel jemandem vergibst, der Dir Leid zugefügt hat, hast Du Dich mit Deinem wahren, großen Ich verbunden, das nur Gedanken des Mitgefühls und der Liebe kennt. Ab dem Moment Du gewillt bist, Dein Gegenüber MIT Liebe anzusehen und damit aufhörst, es zu verurteilen, beginnt der heilige Geist sein Werk für Dich zu tun. Du spürst das an Deiner Friedlichkeit und fühlst Dich leicht und frei.

Damit Dir auch im täglichen Leben rascher bewußt werden kann, ob DU oder ob Dein kleines Ego denkt, empfehle ich Dir, morgens und abends vor dem Einschlafen eine kleine Übung, die sich an den heiligen Geist in Dir richtet. Zugleich ist es heilender Balsam für Deine Seele, wenn Du die folgenden Worte so innig Du kannst, aussprichst:

„In Wahrheit bin ich reine Liebe. Und deshalb ist es mein Auftrag, froh zu machen und fröhlich zu sein."

Oft ist es so, daß unser kleines Ich Angst bekommt, wenn etwas nicht nach seinem Willen geschieht. Dann versucht es, uns mit unlauteren Methoden auf seine Seite zu ziehen, indem es uns allerlei Negatives einflüstert: Die Welt ist schlecht, die Menschen sind böse, ich bin nichts wert, ich bin arm, klein, hilflos, oder ich tauge zu nichts usw. Unser kleines Ego bangt ständig um seine Existenz. Daher ist es ununterbrochen bemüht, seinen Willen durchzubringen, indem es uns oft genug verleitet, un-heile Gedanken zu denken, die unserer wahren Identität in keinster Weise entsprechen. Bitte glaube in einem solchen Augenblick nicht, daß DU das bist, der da in Deinem Geist spricht - sondern mache Dir sogleich bewußt, daß Du ein Wesen bist, dem Gott seine Macht gegeben hat. Daher bist Du imstande, jede Furcht aufzulösen. Sprich mit Deinem kleinen Ego und beruhige es im Moment seines Aufbegehrens, als wäre es ein trotziges, kleines Kind, das unbedingt recht haben will. Du HAST die Macht, Dein kindliches Ich emporzuheben - indem Du Dich bewußt mit dem heilen Teil Deines Geistes identifizierst, wo alles seine Richtigkeit hat ... wo Frieden ist und Vergebung ... und wo Du die Gewißheit findest, daß alles, was in Deinem Leben passiert, aus Liebe zu Dir geschieht.

Jeder Gedanke, der Dein Glücklich-Sein, Dein Wohlbefinden, Deine Gesundheit, Deinen inneren Frieden und die Liebe zu Dir selbst fördert, stammt vom heilen Teil Deines Geistes. Und jeder Gedanke für einen anderen Menschen, der Dein Verständnis, Deine Freude, Deinen Trost, Deine Liebe und Dein Mitgefühl ausdrückt, dehnt den heiligen Geist rund um Dich aus. Es entsteht dann eine Atmosphäre des heiteren und herzlichen Miteinanders voll Aufrichtigkeit und Lebensfreude. Wenn Du auf solche Weise MIT Liebe denkst, verschmilzt Dein kleines Ego mit Dir selbst. Das ist so, als würdest Du als liebender Elternteil Dein furchtsames Kind in den Arm nehmen und ihm zeigen, daß seine Ängste, Zweifel und Bedenken nur Einbildung sind.

Wann immer Du Angst oder Unbehagen empfindest, ist Dein kleines Ich am Werk. Es flüstert Dir ein, daß Dir etwas Schreckliches passieren könnte oder daß der Mensch vor Deinen Augen ein grausamer Bösewicht ist. Genauso kann es sein, daß Dich Dein kleines Ich zu unbesonnenen Aktionen verleitet, weil es so gerne Mittelpunkt ist und nach Bewunderung heischt. Und oft genug will es Dir weismachen, daß Du kein Glück verdienst oder daß Du es nicht wert bist, gesund und fröhlich zu sein.

Wenn sich mein kleines Ich auf solche Weise bemerkbar macht, helfe ich mir, indem ich mich für eine Weile von allzu großer Hektik fernhalte. Ich sage zum Beispiel Einladungen ab, die mir nicht wirklich Freude bereiten. In den stillen Stunden, die ich dann mit mir verbringe, spüre ich mich sehr rasch wieder als Wesen der Liebe, dem der Geist Gottes innewohnt.

Sämtliche Tatsachen in Deinem Leben sind also entweder Spiegelbilder Deines „Klein-Ego-Denkens“, oder Deiner heiligen Gedanken. In Deinem Gegenüber spiegelt sich daher entweder Deine Angst oder Deine Liebe ... je nachdem, wofür DU Dich entschieden hast. Bitte erinnere Dich: DU (!) bist und bleibst derjenige, der die Richtung wählt. DU kontrollierst Dein Bewußtsein - und nicht umgekehrt.

Vielleicht kommt es Dir fremd oder seltsam vor, den heiligen Geist in Dir anzusprechen. Es hilft, wie gesagt, wenn Du still wirst und für ein paar Minuten, Stunden oder Tage diese vielen, äußeren Einflüsse vermeidest, welche ununterbrochen auf Dich einströmen. Beschäftige Dich mit Dingen, die Du gerne machst und erledige das Alltägliche mit Sorgfalt, ohne Hast und Eile. Unterlasse es wenigstens für ein paar Stunden, Dich gedanklich mit Deinen Problemen zu beschäftigen - in der Gewißheit, daß der heilige Geist währenddessen Dein Denken lenkt und heilt. Gott und Du sind eins. Wenn Du damit aufhörst, Deinem kleinen Ich das Denken zu überlassen, beginnt der heile Teil in Deinem Geist zu wirken. Dann spürst Du ganz genau, was Du wann zu tun hast. Auch wirst Du Dir der gegenwärtigen Liebe immer mehr bewußt, die auch jene Dinge für Dich bereinigt, die Du durch un-heiles Denken in Dein Leben eingeladen hast.

Es kann sein, daß Du Dich im Laufe Deines Lebens weit von Deiner Mitte entfernt hast, ohne zu ahnen, daß DU es warst, der dies zugelassen hat. Deine Mitte ist immer dort, wo DU stimmst. Mögen auch hundert andere verschiedener Auffassung sein und Dir noch so gute Ratschläge erteilen wollen, DEINE Verbindung mit Gott ist dann gegeben, wenn DU Dich wohl fühlst, wenn DU Dich freust, wenn DU zufrieden und glücklich bist - wenn Du also das tust, wo DU Dir selbst aufrichtig und voll Freude zulächeln kannst!

Vielleicht befindest Du Dich soeben in Schwierigkeiten oder steckst in einem Schlamassel, der Dir unentwirrbar erscheint. Wenn das so ist, erinnere Dich bitte an zwei Dinge:

1. „ICH habe die momentane Situation selbst herbeigeführt. ICH war es, der sämtliche Personen, mit denen ich derzeit Schwierigkeiten habe, eingeladen hat, in meinem Leben zu sein."

2. „Es gibt einen Teil in meinem Geist, der heil ist. Dort bin ich immer mit Gott und der Liebe verbunden und deshalb muß es so sein, daß dort die Lösung all meiner Probleme liegt."

Und weil Gott und Du eins sind, gibt es kein Problem, das Du nicht lösen kannst ... keine Schwierigkeit, die sich nicht meistern läßt ... keinen Kummer, den Du nicht heilen könntest ... und keine Krankheit, die sich nicht bessern ließe, wenn Du Dich der Liebe, die Du bist, zuwendest. Ich will Dir anvertrauen, wie ich das mache:

Bevor ich einschlafe, blicke ich noch einmal auf die Ereignisse des Tages. Ich bedanke mich für alles Schöne und Gute, das ich erlebt habe. Stecke ich in Schwierigkeiten oder habe ich einen Kummer, überlasse ich diesen vor meiner Nachtruhe dem heiligen Geist. Ich spreche zuerst meine ganze Not aus und sage dann zum Schluß: „Bitte übernimm Du mein Problem ... oder: Ich übergebe Dir jetzt meinen ganzen Kummer zur Heilung. Danke." Dann schlafe ich getrost ein, befreit von einer Last, die mir mein kleines Ego hatte aufbürden wollen. Ich weiß, daß mein heiles Denken ab dem Moment beginnt, wo ich damit aufhöre, mich einzumischen. Im Schlaf ist das auf jeden Fall möglich, weil dann auch mein kleines Ich schläft und ich deshalb ganz sicher sein kann, daß nur der heile Teil in meinem Geist lebendig ist. Meistens ist es so, daß ich kurz nach dem Erwachen am nächsten Morgen weiß, was ich als nächstes tun soll. Ich folge einfach dem ersten guten Gedanken, der da ist, wenn ich die Augen aufschlage. Oft ist es nur eine Kleinigkeit: Einen bestimmten Menschen anrufen ... einen Spaziergang machen ... oder ich kaufe eine Zeitung, die ich sonst nicht lese und finde darin eine Schlagzeile, die mir einen Geistesblitz beschert. Was immer mir spontan einfällt zu tun - es ist etwas, das mit keinerlei Anstrengung verbunden ist. Es ist eine Idee, die leicht und selbstverständlich ist. Mittlerweile habe ich es mir zur lieben Gewohnheit gemacht, mir in jedem Fall die folgenden Fragen zu stellen, bevor ich handle: „Fällt mir das leicht? Macht es mir Freude? Bin ich dabei froh, gelöst und heiter?“

Der Liebe zuwenden bedeutet, daß Du hundertprozentig anerkennst, niemals alleine zu sein, weil Du einem Gedanken Gottes entsprichst. Gott ist immer da. Auch dann, wenn DU vergißt, daß Du mit ihm untrennbar verbunden bist. Sei ganz sicher, daß es Deinem kleinen Ego niemals gelingen kann, ihn ganz aus Dir zu vertreiben. In Deinem Geist gibt es einen vollkommen heilen Bereich, der unveränderbar heil bleibt. Auch dann, wenn Du in Schwierigkeiten steckst, weil Du den Einflüsterungen Deines kleinen Ego gefolgt bist. Gott ist immer dort, wo Du bist - weil er Teil Deines Geistes ist. Deine Bereitwilligkeit genügt, um von dort die richtige Lösung für Deine Probleme zu erfahren. Dort entsteht das Bild einer Welt voll Freude, Verständnis, Dankbarkeit, Frieden und Liebe. Wenn DU Dein Denken stets mit der Liebe Deines Herzens verbindest, wirst Du plötzlich eine Welt voll kleiner und großer Wunder entdecken und die Menschen rund um Dich in ihrem So-Sein verstehen. Du wirst eine innige Dankbarkeit spüren, weil Du auf der Welt bist und es wird nichts mehr geben, das Deinen inneren Frieden stört. Was immer in Deinem Leben geschieht, Du wirst Dich geborgen, beschützt, anerkannt und geliebt fühlen - weil eben alles rund um Dich DEINE Gottverbundenheit spiegelt. Sämtliche düsteren Gedanken und lieblosen Überzeugungen zerplatzen wie Seifenblasen, wenn Du gewillt bist, wie Gott zu denken.

Wenn Du nur Liebe willst,
wirst Du nichts anderes sehen.

(Aus: Ein Kurs in Wundern)

DU selbst wählst die Richtung. Entschließt Du Dich in jedem Fall für Liebe und Frieden - ganz gleich, was Du vor Augen hast - wird jener Teil Deines Geistes lebendig, der ewig mit Gott verbunden ist. Sei gewiß, daß Du seiner Führung voll und ganz vertrauen kannst. Er wird Dir stets Deinen nächsten Schritt wissen lassen, auf eine Art und Weise, die Dir leicht verständlich ist. Ein sicherer Beweis für Deine Verbundenheit mit Gott ist, daß Du keinerlei Angst mehr verspürst.

Zusammenfassung:

Es IST möglich, alles Geschehen in Deinem Leben mit Liebe anzusehen. Und es IST möglich, immer nur das Gute daran wahrzunehmen. Denn es liegt bei DIR, was Du nach außen projizierst, auf die Welt, die Dich umgibt: Die Sichtweise Deiner göttlichen Herkunft oder die eingegrenzte Wahrnehmung Deines kleinen Ichs. Jedes unangenehme Spiegelbild, das Dir jemand entgegenhält, macht einen unheilen Gedanken VON DIR sichtbar, der sich als Folge einer längst vergangenen Erfahrung immer noch in Deinem Geist befindet. Und nur damit Du erkennst, wo DU Dich kleiner, ärmer, hilfloser, kränker oder verzweifelter darstellst, als Du in Wahrheit bist, spiegeln Dir bestimmte Personen ein bestimmtes Verhalten, das eine bestimmte Überzeugung Deines kleinen Ichs konkret ans Tageslicht bringt. Sei dankbar dafür, daß dies so ist - denn wenn DU an Deinem Gegenüber DEINE Geisteshaltung gespiegelt siehst, hast Du Dich täglich selbst vor Augen. Dann ist es leicht, eine Überzeugung aufzugeben, die Dein ängstliches Ich über Jahre verteidigt und festgehalten hat ... Indem DU jetzt dieses bestimmte, als unangenehm gespiegelte Verhalten sein läßt, erklärst Du es als Deiner unwürdig und Dein kleines Ich wird eins mit Deinem wahren, großen Ich. Du bist hier, um Gott in seiner Güte, Weisheit und Liebe zu repräsentieren - und nicht, um selbst ein Verhalten fortzusetzen, das Dich an anderen Menschen stört. Wenn sich Dein Gegenüber auf eine bestimmte Weise benimmt, siehst Du das Spiegelbild eines früheren Gedankens von Dir. Doch DIR steht jetzt die Möglichkeiten offen, Liebe zurückzuspiegeln und die Erinnerung an Gott in Deinem Gegenüber zu wecken. DU bist derjenige, der wählt, welches Spiegelbild DU für Dein Gegenüber sein willst. Wenn DU Dich in jedem Fall so verhältst, wie das ein LIEBEVOLLES Wesen tut, werden sich immer mehr Menschen als liebevolle Wesen in Dir erkennen und zu ihrer wahren Herkunft zurückfinden. Und wenn Du eines Tages nur noch von lebensfrohen, gesunden, glücklichen Menschen umgeben bist, solltest Du aufrichtig dankbar sein und vor lauter Freude Purzelbäume schlagen,

*weil **DU** es ja bist,*
der sich da gespiegelt sieht!

NACHWORT

Beispiele aus meinem Leben im Spiegel betrachtet:

1. Immer zu dritt ... (Tiefsitzende, unbewußte Überzeugung)

Meine erste große Liebe war ein verheirateter Mann. Ich war knapp 21 und erfuhr erst viel später, daß außer mir noch eine Frau im Spiel war. Acht Jahre lang hielt meine unschuldige Liebe zu diesem Mann und Vater meines Sohnes, bis ich körperlich und seelisch zusammenbrach. Denn ich konnte nicht begreifen, warum er trotz unserer großen Liebe bei seiner Frau blieb. Nach vielen Jahren des Alleinseins und der Enthaltsamkeit lernte ich wieder einen Mann kennen, der mein Herz berührte. Er hatte eine Verlobte auf dem Land, die er später heiratete. Nach weiteren drei Jahren schickte mir das Leben zwar einen geschiedenen Mann, jedoch hatte er eine Tochter, die unser Kennenlernen ziemlich erschwerte. Schließlich trennten wir uns, denn ich wollte am Unglück des Mädchens nicht schuld sein. Fast schon überzeugt, daß ich zum Allein-Sein auf der Welt bin, verliebte ich mich nach einer längeren Erholungsphase bis über beide Ohren in einen geschiedenen Mann. Und obwohl so viel Liebe da war, stand er nicht zu mir, sondern verbrachte die meiste Zeit mit seiner Mutter. Auch die Wochenenden und auch den Weihnachtsabend, wo ich nicht mit dabei sein durfte, weil mich die alte Frau als Ganzes ablehnte.
Der rote Faden meiner tief sitzenden, nicht bewußten Überzeugung ist deutlich erkennbar. Das Leben spiegelte mir immer und immer wieder dasselbe: Ich war es mir nicht wert,

die einzige zu sein. Obwohl ich so viel Liebe verschenkt hatte, änderte sich nichts. Weil ich durch MEINE Überzeugung, keinen Mann für mich alleine zu verdienen, Männer angezogen habe, die meiner Einstellung entsprachen! Noch so viel Liebe meinerseits hätte sie nicht verändern können. Wer sich verändern konnte, war ich. Ich habe aufgrund dieser für mich sehr schmerzvollen Spiegelbilder erkannt, wie ICH dachte und wovon ICH überzeugt war, ohne vorerst etwas davon zu ahnen. In MEINEM Bewußtsein haben sich Männer befunden, die mich gerne als Geliebte hatten, aber mich mit allem anderen alleine ließen. Sogar mit einem Kind, das für mich die Krönung meiner innigen Liebe war. Heute denke ich anders und das beschert mir jeden Tag Glücksgefühle! Ich bin mir einen liebevollen Sir und verlässlichen Lebenspartner wert, für den ich die einzige und begehrteste Frau von der ganzen Welt bin! Seither gibt es keine Dreiecksgeschichten mehr in meinem Leben.

2. Fast immer zu wenig Geld ... (Unbewußte Überzeugung)

Ich will mich nicht beklagen, denn zum Leben reichte mein Geld immer aus, wenn auch mein Konto oft überzogen war. Was fehlte, war das Geld für die kleinen und großen Freuden, denn wenn ich mir mal einen Urlaub mit meinem kleinen Sohn vergönnte, mußte ich zusätzliches Geld dafür verdienen. Das war nicht immer leicht. Eine Zeit lang lieferte ich neben meinem Beruf als Lehrerin Essen auf Rädern aus, das ich schon um 8.30 Uhr morgens von einer Großküche holen und dann in hohen Zinshäusern mit unzähligen Stiegen austragen mußte. Zu Mittag begann ich dann meinen Unterricht, um danach meinen Sohn vom Tagesheim abzuholen. Ich hatte immer zu wenig Geld, um mir ein bißchen Luxus leisten zu können oder mir eine Freude zu bereiten. Tat ich es dennoch, gab es ein Minus auf meinem Konto. Ich hatte also die Überzeugung, daß ich weder Freude noch Luxus verdiene - und wenn doch, dann müsse ich dafür hart arbeiten! Das Leben spiegelte mir jahrelang sehr deutlich meine Einstellung. Heute denke ich anders und das ist ein wundervolles Gefühl. Ich habe meinen Glauben aufgegeben, daß mir kein Luxus zusteht. Ich bin mir jede kleine und große Freude wert! Ja, ich gestatte mir sogar, sehr reich zu sein. Seither habe ich immer genug Geld.

3. Ein paar Gedanken, die meine allerliebsten sind ...

Ich bin auf der Welt, um GLÜCKLICH zu sein!

Ich liebe dich und deshalb darfst Du alles tun, was DU für richtig hältst.

Gott liebt mich über alles und schickt mir jeden Tag ein Wunder.

Ich habe die Macht, alles zu verwirklichen, was ich mir vorstellen kann.

Für Menschen die ich liebe, habe ich immer Zeit.

Es gelingt mir leicht, viele Millionen anzunehmen.

Ich bin vollkommen gesund, weil ich mich achte, schätze und liebe.

Ich erlaube mir zu lachen und zu singen aus purer Lebenslust!

Ich bin stets geborgen und sicher in Gottes liebevollen Händen.

Diese Affirmationen haben meine Geisteshaltung und somit meine Lebensumstände im Sinne meines Glücklich-Seins verändert. Es hat eine Weile gedauert, bis ich sie auch im Außen sah und erlebte. Weil ich mir aber bewußt darüber bin, daß mein Geist Tatsachen schafft und für dieses Werk ein bißchen Zeit benötigt, um alles gut für mich zu arrangieren, fällt es mir leicht, schon im Augenblick meiner Lieblingsgedanken das herrliche Gefühl zu empfinden, als wären sie bereits Wirklichkeit. Ich bin keine Träumerin. Ich bin mir bloß der Verantwortung bewußt, daß meine Überzeugungen Tatsachen hervorbringen, die zum idealen Zeitpunkt mein wunderschönes Leben bereichern.

Übungsbeispiele

Alle nachfolgenden Beispiele waren reale Situationen. Mögen sie Ihnen hilfreich sein, Ihre eigenen Spiegelbilder zu entschlüsseln. An dieser Stelle verweise ich auch auf mein Buch *„Die Spiegelgesetz-Methode® - Praktischer Wegweiser in die Freiheit“* (Ennsthaler Verlag). Die Methode in vier einfachen Schritten finden Sie darin genau beschrieben.

Beispiel 1

1. Beschreiben der Person und Verantwortung dafür übernehmen:

B: Paul wirkt ungepflegt, er ist aufdringlich den Frauen gegenüber. Ich will ihm zur Begrüßung die Hand geben, doch er hält mir sein Gesicht hin. Er hat mich gezwungen, ihn zu küssen. Das war mir widerlich und unangenehm.
V: Ich muß (!) eine unbewußte Überzeugung haben, die einen Mann mit diesem Verhalten herangezogen hat. Ich übernehme jetzt für dieses Erlebnis die volle Verantwortung.

2. Entschlüsseln des Spiegelbildes:

In der obigen Beschreibung ist eine Du-Botschaft enthalten: „Du hast mich gezwungen ...“ (Du = Ich)

= ICH zwinge mich, einen Mann zu küssen, der mir unsympathisch ist. Ich bin offensichtlich davon überzeugt, einen Mann küssen zu müssen, den ich nicht mag.

3. Danken und liebevolles Loslassen:

Ich bedanke mich in Gedanken bei Paul, weil er mir durch sein Verhalten eine negative Überzeugung VON MIR gespie-

 B: = Beschreibung V: = Verantwortung übernehmen

gelt hat. Schreibe meine Überzeugung auf ein Kärtchen, lese es ein letztes Mal durch und verbrenne es dann.

4. Bewußte Entscheidung für eine neue Affirmation:

Ich küsse ab jetzt nur jemanden, den ich wirklich küssen will!

Beispiel 2

1. Beschreiben der Person und Verantwortung dafür übernehmen:

B: Als Otto zum ersten Mal bei mir auf Besuch war, ließ er sich auf der Couch nieder, begann seine Zeitung zu lesen und meinte, ich solle inzwischen kochen. Das hat mich maßlos gestört. Später saßen wir uns gegenüber, redeten allerlei belangsloses Zeug und langweilten uns. Er hat typisch darauf gewartet, daß ich etwas sage. Aber ich sagte nichts und er hatte auch keine Idee. Die Situation wurde immer unangenehmer.
V: Ich muß den Gedanken zu diesem Ereignis gehabt haben. Ich habe damit einen Mann angezogen, der sich wie mein Mann nach zwanzig Ehejahren verhalten hat. Während ich kochte, las er die Zeitung. Er redete kaum mit mir und langweilte sich. Er wartete ständig darauf, daß ich aktiv werde oder ein Gespräch beginne. Er blieb genauso wie Otto in meiner Gegenwart passiv.

2. Entschlüsselung des Spiegelbildes:

In der obigen Beschreibung sind viele Du-Botschaft enthalten: „Du bist faul, Du bist stumm, Du tust nichts, Du langweilst Dich, Du bist passiv und das stört mich an Dir“ (Du = Ich)

= ICH bin faul, ich bin stumm, ich tue nichts, ich langweile mich, ICH bin passiv – und das stört mich an mir!
ICH erlaube mir nicht, faul zu sein und nichts zu tun. ICH gestatte mir offensichtlich zu wenig, meine passive Seite auszuleben.

3. Danken und liebevolles Loslassen:

Ich bedanke mich jetzt in Gedanken bei Otto, weil er mir gespiegelt hat, was ICH mir bis jetzt nicht erlaubt habe. Ich hatte ein Verbot in mir, ein Urteil, daß es schlecht oder falsch ist, wenn ich mich ausruhe, nichts tue und passiv bleibe. Schreibe meine Überzeugung auf ein Kärtchen, lese es ein letztes Mal und verbrenne es dann.

4. Bewußte Entscheidung für eine neue Affirmation:

Ich darf alles. Ich darf faulenzen, still und passiv sein, so viel und so oft ich will.

Beispiel 3

1. Beschreibung des Verhaltens einer Person und Verantwortung dafür übernehmen:

B: Marta jammert ständig, weil sie jetzt alleine ist. Ununterbrochen erzählt sie mir, wie sehr sie darunter leidet, daß sie keinen Partner hat, aber sie tut nichts! Sie geht mir maßlos auf die Nerven mit ihrem ewigen Selbstmitleid. Ich habe ihr das schon x-mal gesagt, ich hab sie angeschrien, daß sie mich damit anwidert, aber sie hört mit ihrer Mitleidstour nicht auf!

V: ICH habe diese Person durch eine bestimmte Überzeugung, die ich haben muß, in mein Leben geholt. Marta spiegelt mir MEIN Verhalten und somit MEINE Überzeugung.

2. <u>Entschlüsselung des Spiegelbildes:</u> Du = Ich

Ich jammere ständig, weil ich alleine bin. Ich leide darunter, daß ich keinen Partner habe, aber ich tue nichts. Mein Selbstmitleid geht mir maßlos auf die Nerven. Ich widere mich damit schon an! Trotzdem höre ich mit meiner Mitleidstour nicht auf.

ICH bin davon überzeugt, daß ich durch Selbstmitleid mein Allein-Sein verändern kann und über die Mitleidstour einen Partner finde.

3. <u>Danken und liebevolles Loslassen:</u>

Ich danke Marta, daß sie mir MEINE Überzeugung gespiegelt hat, die ich nun aufgeben will, weil sie mir schon auf die Nerven ging. Schreibe meinen Glaubenssatz auf ein Kärtchen: Ich tue mir so leid, weil ich alleine bin. *Ich kann nichts tun, außer andere anzujammern.* Ich lese mir meine Überzeugung ein letztes Mal bewußt durch und verbrenne sie dann.

4. <u>Bewußte Entscheidung für eine neue Affirmation:</u>

Ich kann alles, was ich will, spielend leicht erreichen. Ich bin liebenswert und finde jetzt meinen idealen Partner.

Beispiel 4

1. Beschreibung einer Person und Verantwortung dafür übernehmen:

B: Das einzige Gesprächsthema mit meiner Mutter sind die anderen. Wenn ich sie besuche, fragt sie nie, wie es mir geht und was ich erlebt habe. Sie erzählt mir von der kranken Nachbarin und daß sich ihre Schwester so einsam fühlt. Sie nimmt mich überhaupt nicht wahr! Und ich kann mir dauernd Klatsch anhören, der mich nicht interessiert. Am liebsten würde ich sie gar nicht mehr besuchen!
V: Ich übernehme jetzt die volle Verantwortung dafür, was mir mit meiner Mutter dauernd passiert. In ihrem Verhalten sehe ich eine Überzeugung von MIR gespiegelt.

2. Entschlüsselung des Spiegelbildes: Sie = Ich

ICH frage mich nie, wie es MIR geht. Ich nehme mich überhaupt nicht wahr! Ich konzentriere mich zu viel auf die anderen und zu wenig auf mich selbst. Warum tue ich das? Warum glaube ich, daß die anderen wichtiger sind als ich?

Die anderen sind wichtiger als ich.

3. Danken und liebevolles Loslassen:

Ich danke meiner Mutter, daß sie mein Spiegelbild war. Durch ihr Verhalten wurde mir MEIN Glaubenssatz bewußt, daß die anderen wichtiger sind als ich selbst. Ich lasse diesen Glauben jetzt für immer los, weil er für mich nicht mehr stimmt. Schreibe ihn ein letztes Mal auf ein Kärtchen, lese ihn noch einmal und verbrenne ihn dann.

4. Bewußte Entscheidung für eine neue Affirmation:

Ich bin das Wichtigste und Wertvollste in meinem Leben.

Beispiel 5

1. Beschreibung einer Person und Verantwortung dafür übernehmen:

B: Ich habe mich gleich beim ersten Rendezvous in einen Mann verliebt, der mir sehr gut gefällt und der mir sympathisch ist. Wir küßten und umarmten uns und konnten uns kaum trennen. Gleich am nächsten Tag trafen wir uns wieder und ich hatte das gute Gefühl, dem Mann meines Lebens begegnet zu sein. Doch ein paar Tage später sagte er mir, daß er mit mir nur eine Freundschaft möchte. Weil eine Freundschaft niemals endet. Er wiederholte immer wieder, ich solle eine Art Schwester für ihn sein! Ich empfinde aber zu ihm keine schwesterlichen Gefühle. Ich leide sehr unter dieser Situation. Was sagt mir das?
V: Ich muß (!) den Gedanken zu diesem Ereignis gehabt haben. Im Verhalten meines Freundes sehe ich eine Überzeugung von MIR gespiegelt.

2. Entschlüsselung des Spiegelbildes:

Ich muß davon überzeugt sein, daß ich meine schönsten Gefühle nicht ausleben darf. Ich drehe sie je nach Bedarf auf oder ab. Ich glaube, daß ich sie jederzeit stoppen oder in andere Gefühle umwandeln muß, wenn es einen logischen Grund (z. B. eine Freundschaft endet nie ...) dafür gibt.

Ich muß auf meine schönsten Gefühle verzichten und lieber logisch denken.

Mein Verstand beherrscht und manipuliert mein Liebesleben.

3. Danken und liebevolles Loslassen:

Ich danke meinem Freund, daß er mir gespiegelt hat, worunter ICH leide. Mein Verstand siegte bis jetzt über das Gefühl in meinem Herzen und ich ließ das zu, obwohl ich damit unglücklich bin. Ich schreibe meine Überzeugung auf ein Kärtchen, lese es noch einmal bewußt und verbrenne es dann.

4. Bewußte Entscheidung für eine neue Affirmation:

In Liebesbeziehungen tue ich nur noch das, was ich im Herzen empfinde.
Ich darf meine allerschönsten Gefühle voll und ganz ausleben!

Beispiel 6

1. Beschreibung einer Situation und Verantwortung dafür übernehmen:

B: Ich befand mich mit meinem PKW auf der Rückfahrt von meinem Urlaubsort, als sich in meinem Wagen immer mehr ein unangenehmer Geruch verbreitete, wie von verbrannten Kabeln oder Gummiteilen. Gedanklich war ich mit dem Angebot einer Bekannten an mich beschäftigt, die in mein Appartementhaus als Dauermieterin einziehen wollte und mir einen sehr großen Geldbetrag als Vorauszahlung angeboten hatte. Mir war die Frau in einigen Punkten nicht sympathisch, obwohl ich zugeben muß, daß die Höhe des Betrages verlockend für mich war. Nachdem der Geruch uner-

träglich geworden war, fuhr ich zur nächsten Tankstelle. Es stellte sich heraus, daß sich eine große, alte Fasanhenne im Keilriemen und den angrenzenden Motorteilen verfangen hatte. Von ihr waren nur noch ein paar Federn und Knochen übrig, die jedoch den Motor fast lahmgelegt hatten.
V: Dieses Ereignis muß sich zuvor in meinem Geist abgespielt haben, sonst hätte es in meinem Leben nicht konkret werden können. Ich habe also den Gedanken dazu gehabt und übernehme jetzt die Verantwortung dafür. Was will mir das sagen?

2. Entschlüsselung des Spiegelbildes:

Das Wort „Auto" bedeutet „Selbst". Also hat alles, was mit unserem Auto passiert, in analogem Sinn mit uns selbst zu tun und läßt daher einen Rückschluß auf etwas Wichtiges zu, das UNS SELBST betrifft!
Eine alte Fasanhenne hat sich in meinem Auto eingenistet und damit den Motor meines Autos fast ruiniert. =

Jemand will sich bei mir einnisten und das schadet mir, ich werde dadurch kraftloser.

3. Danken und eine Konsequenz daraus ziehen:

Ich bedanke mich für dieses Ereignis. Dadurch konnte ich im Spiegel erkennen, wie ich meiner Bekannten gegenüber eingestellt bin. Es würde mir schaden, wenn ich ihr verlockendes Angebot annähme und sie in meinem Haus wohnen würde. Ihre Anwesenheit würde mir Kraft kosten und mich im ärgsten Fall sogar lähmen. Meine Konsequenz daraus ist, das Angebot abzulehnen.

4. Bewußte Entscheidung für eine Affirmation:

Ich bin von aufrichtigen, liebevollen Menschen umgeben. Ich liebe mich.

Beispiel 7

1. Beschreibung einer Situation und Verantwortung dafür übernehmen:

B: Vor meiner Urlaubsreise kaufte ich einen übertragenen PKW, der überprüft und tadellos in Ordnung war. Ich war froh, nach zwei Wochen wieder zu Hause zu sein, denn der Urlaub verlief ungut und voller Spannungen. Ich wollte meinen PKW starten und mußte feststellen, daß überraschenderweise die Batterie leer war. Sagt das auch etwas über mich aus?
V: Jede Situation in meinem Leben muß sich, wenn auch unbewußt, zuvor in meinem Geist abgespielt haben. Ich übernehme jetzt die Verantwortung dafür.

2. Entschlüsselung des Spiegelbildes:

Auto = Selbst. Wenn die Batterie meines Autos plötzlich leer ist, kann ich daraus einen analogen Rückschluß auf meine eigene Lebensenergie zu diesem Zeitpunkt ziehen. Ich habe also wenig oder keine Energie mehr und kann mich fragen, was in meinem Leben energieraubend für mich ist, so daß ich mich leer und kraftlos fühle. Gleichzeitig kann ich etwas tun, das mir neue Kraft und Lebensfreude schenkt.

Ich lasse Personen an mich heran, die mich schwächen, die mir Kraft kosten, mich auslaugen.

In irgendeinem Bereich meines Lebens gibt es eine energieraubende Situation.

3. Danken und eine Konsequenz daraus ziehen:

Ich danke für dieses Ereignis, weil es mich auf meine Kraftlosigkeit und Leere hingewiesen hat, obwohl ich einen zweiwöchigen Urlaub hinter mir hatte. Meine Konsequenz daraus ist, nächstes Mal bewußt darauf zu achten, mit welchen Leuten ich meine Freizeit und meinen Urlaub verbringe.

4. Bewußte Entscheidung für eine Affirmation:

Lebensfrohe, gefühlvolle Menschen tun mir gut. Ich umgebe mich mit glücklichen, herzenswarmen Menschen.

Beispiel 8

1. Beschreibung einer Situation und Verantwortung dafür übernehmen:

B: Ich parkte mein Auto abends auf einer leicht abfallenden Straße zwischen einem LKW und einem kleinen Geländewagen. Als ich in der Früh wegfahren wollte, war mein Wagen beschädigt und zwischen den beiden anderen Autos eingeklemmt. Von einem Passanten erfuhr ich, daß der LKW von selbst ins Rollen gekommen war und mein Auto auf das dahinterstehende geschoben hatte, so daß es dort fest saß. Was sagt das über mich aus?
V: Dieses Ereignis muß sich zuvor unbewußt in meinem Geist abgespielt haben, bevor es als konkrete Tatsache in mein Leben trat. Ich trage dafür die volle Verantwortung.

2. Entschlüsselung des Spiegelbildes: Auto = Selbst

Wenn mein Auto festsitzt, dann muß ich selbst auch in irgend einer Lebenssituation festsitzen, die mich fast erdrückt und mich manövrierunfähig (handlungsunfähig) macht. Ich bin aufgefordert herauszufinden, welche Situation das ist. Es muß eine Situation sein, die mich in meiner Handlungsfreiheit lähmt.

Ich lasse es zu, daß mich andere Personen lähmen und erdrücken.

3. Danken und eine Konsequenz daraus ziehen:

Ich bedanke mich für den Parkschaden an meinem Auto. Dieses Spiegelbild hat mir MEINE obige, unbewußte Überzeugung sichtbar vor Augen gehalten. Meine Konsequenz daraus ist, mich bewußt mit Leuten zu umgeben, die mich fördern, schätzen und unterstützen. Von den anderen halte ich mich ab jetzt fern.

4. Bewußte Entscheidung für eine neue Affirmation:

Ich achte ab jetzt auf meine persönliche Grenze und sage rechtzeitig Nein.

Beispiel 9

1. Beschreibung einer Person und Verantwortung dafür übernehmen:

B: Während eines Seminars störte mich eine Frau, die dem Vortragenden andauernd ins Wort fiel und ihre eigenen Weisheiten vorbrachte. Ich hatte den Eindruck, daß es ihr nur darum ging, aufzufallen und im Mittelpunkt zu stehen. Ich wurde richtig wütend auf die Frau und hätte ihr am liebsten

meine Meinung gesagt.
V: In dieser Frau sehe ich MICH gespiegelt. Und zwar ein Verhalten, das ich an MIR ablehne, weil ich es negativ beurteile.

2. Entschlüsselung des Spiegelbildes: Sie = Ich

ICH will auffallen und im Mittelpunkt des Interesses stehen! Und weil ich dieses Verhalten als „schlecht" (... das gehört sich nicht ...) beurteile, will ich es an MIR nicht wahrhaben.

Wenn ich brav, still und bescheiden bin, werde ich geliebt.

3. Danken und liebevolles Loslassen:

Ich danke der Frau, daß sie für mich Spiegel war. Durch sie wurde mir ein Glaubenssatz von MIR bewußt, der bislang verhindert hat, daß ich meine Interessen in den Mittelpunkt der Aufmerksamkeit stelle. Statt dessen habe ich mich still verhalten und mich weder vor mir selbst, noch vor anderen vertreten. Ich schreibe meinen Glaubenssatz auf ein Kärtchen und verbrenne es.

4. Bewußte Entscheidung für eine neue Affirmation:

Ich darf im Mittelpunkt stehen. Das ist in Ordnung und mein gutes Recht.

Beispiel 10

1. Beschreibung einer Person und Verantwortung dafür übernehmen:

B: Ich habe einen Freund, wir verstehen uns gut und ich wür-

de sagen, daß wir eine innige Beziehung zueinander haben. Trotzdem sagt mein Freund mindestens einmal pro Tag zu mir: „Es ist mein größter Wunsch, beziehungsfähig zu werden!“ Was sagt mir das? Ist er wirklich nicht beziehungsfähig?
V: Ich anerkenne, daß Menschen, die ich liebe und schätze, in meiner Gegenwart wiederholt aussprechen, was ICH in meinem Bewußtsein habe. Es ist eine Botschaft für MICH, die mein Gegenüber äußert, weil sie mit „Ich“ beginnt.

2. Entschlüsselung des Spiegelbildes (Wort-Schlüssel!):

**ICH habe auch den Wunsch, beziehungsfähig zu werden ... nicht nur mein Freund.
ICH bin es, die in diesem Punkt noch etwas zu lernen hat.**

3. Danken:

Ich danke meinem Freund für seine wiederholten Äußerungen. Dadurch wurde MIR bewußt, daß ICH gemeinsam mit ihm auf dem selben Weg bin, ein beziehungsfähiger Mensch zu werden. Bis jetzt dachte ich, ich wäre schon ein perfekter Partner. Dank ihm komme ich nun drauf, daß ich in einigen Punkten mein früheres Verhalten hinterfragen und verändern muß.

4. Bewußte Entscheidung für eine Affirmation:

**Ich bin zu allem bereit, was meine Partnerfähigkeit fördert.
Gott zeigt mir immer den nächsten Schritt.**

HINWEIS

Wenn Sie mit Christa Kössner Kontakt aufnehmen möchten, besuchen Sie ihre Homepage im Internet unter:

http://members.vienna.at/Koessner

oder wenden Sie sich an den Verlag:

www.ennsthaler.at

Weitere Bücher von Christa Kössner:

Kössner, Christa: Die Spiegelgesetz-Methode®.
Praktischer Wegweiser in die Freiheit
ISBN 3-85068-579-9
Format: 11,7 x 17 cm
112 Seiten, broschürt

Kössner, Christa / Dr. Leopold Leeb / Alois Senger:
Meine Krankheit spiegelt mich.
Symptom-Entschlüsselung mit der Spiegelgesetz-Methode®
ISBN 3-85068-594-2
Format: A5
112 Seiten, broschürt

Kössner, Christa: Mein Auto spiegelt ....MICH.
Das Spiegelgesetz
ISBN 3-85068-578-0
Format: A5
152 Seiten, broschürt

Kössner, Christa: Mein Haustier spiegelt ..... MICH.
Das Spiegelgesetz
ISBN 3-85068-591-8
Format: A5
112 Seiten, broschürt

Ennsthaler VERLAG

Ich bin auf der Welt, um glücklich zu sein
Ich darf alles und bin dafür geliebt!

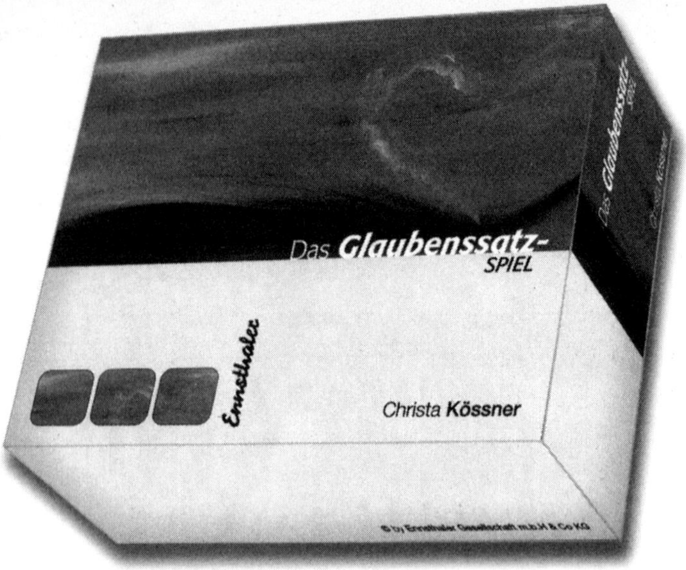

Das Glaubenssatz-SPIEL
Christa Kössner